U0131666

上瘾式存钱

阿汝娜 周剑铨◎著

台海出版社

图书在版编目（CIP）数据

上瘾式存钱 / 阿汝娜, 周剑铨著. -- 北京：台海出版社, 2024.6（2024.6重印）
ISBN 978-7-5168-3824-2

Ⅰ. ①上… Ⅱ. ①阿… ②周… Ⅲ. ①财务管理－图解 Ⅳ. ①F275-64

中国国家版本馆CIP数据核字(2024)第066439号

上瘾式存钱

著　　者：阿汝娜　周剑铨

出 版 人：薛　原　　　　责任编辑：俞滟荣

出版发行：台海出版社
地　　址：北京市东城区景山东街 20 号　　邮政编码：100009
电　　话：010-64041652（发行，邮购）
传　　真：010-84045799（总编室）
网　　址：www.taimeng.org.cn/thcbs/default.htm
E-mail：thcbs@126.com

经　　销：全国各地新华书店
印　　刷：唐山富达印务有限公司
本书如有破损、缺页、装订错误，请与本社联系调换

开　　本：690 毫米 × 980 毫米　　1/16
字　　数：145 千字　　印　　张：11.75
版　　次：2024 年 6 月第 1 版　　印　　次：2024 年 6 月第 2 次印刷
书　　号：ISBN 978-7-5168-3824-2

定　　价：58.00 元

序言

你的人生财富时钟指针到了哪里？

——每个年龄段都有不一样的人生和财富任务，你在哪个阶段？

“吾十有五而志于学，三十而立，四十而不惑，五十而知天命……”

——《论语》

我出生于一个普通的蒙古族家庭，母亲是一位大学教授，父亲从小就到蒙古国做生意养家。我靠自己的努力考入上海财经大学，毕业后被美国顶级商学院录取，MBA 毕业后到香港投行工作，年薪近 200 万元。那时我只有 25 岁，觉得未来人生一定会一直往上。当时我欠了近 1000 万元的房贷，每个月还完贷款就月光，完全没有投资的概念。

后来我认识了我先生周剑铨，才发现人生并不是一条向上的直线，一个人的财富和生活并不是随着年纪增大就一定会越来越多以及越来越好。剑铨出生在企业世家，祖辈是香港纺织行业的知名企业家，从小住在三层的别墅里，过着富足的生活。

然而，2008 年的金融危机改变了他一直顺利上升的人生之路。他家族的生意一落千丈，自己也失去了在香港高盛银行工作的合同，家里所有的资产都被变卖还债。他被迫投靠到爷爷家，和弟弟挤着住在一间几平方米的小房间的上下铺。最窘迫的时候，他和以前的同学在中环吃饭，都没钱点正餐，只点了一碗汤。为了自尊，他强忍着饥饿，说自己已经吃过了。

我认识我先生的时候他 32 岁，本该是事业快速上升的年纪，但他工作的地方只是一家小基金公司，月薪是我的一半。当时我不知道他家曾经发生过巨变，也不知道未来他会用几年时间把我的千万负债重组，让我们家庭的资本实力稳健增长。

接下来的 6 年，他和我一起创业，到全球不同市场投资，把资产价值放大。我们用创业的财富来投资，再把我们的投资经验分享给客户和学员。现在我们已经有了品牌强大的企业和一支专业财富管理团队，帮助数以万计的家庭在不同市场配置了数亿资产。

正是一个个正确的、专业的投资决定，让我们从人生谷底起步，白手起家赚到千万资产。也许我们一路奋斗的经历会给你启发：每个人在不同的人生阶段都可以开始改变，为自己创造更美好的人生。

我认为有两点值得大家谨记：

（1）你现在的经济状况，是你过去做的所有事情的结果。

（2）年龄很重要，改变更重要，任何时候开始改变都不晚。

一、留住钱、钱生钱比赚钱更加重要

财富管理是学校不会教的内容，只能自己在人生中历练。有人一生毫无节制地挥霍财富；有人因为不懂而逃避理财；也有人到处折腾，号称“你不理财，财不理你”，却在错误的投资决策中血本无归。

你的时间、精力、资源都是有限的，而人生的选择和际遇是有无限可能的。很多人一生最高光的时刻就是进了一所好大学，或者大学毕业后找了一份好工作，“起点即巅峰”，之后就过着日日重复的生活，期盼稳定，却走上了漫长的下坡路。我先生周剑铨曾经也面对过这样“温水煮青蛙”的局面，但抓住一个难得的机会就能改变一生。他可以，你也可以。

人生不是百米赛跑，而是马拉松，赚钱固然重要，但能留住钱，让钱生钱更加重要。很多家庭的财富积累不只是一代人努力的结果，缺乏远见的财富规划会毁掉自己甚至后代的一生。

我见过有人年少有为，但是在职业生涯的顶峰遭遇了行业变故，之后就再也找不到和之前同等高度的工作，也没有攒下足够的钱，从此一蹶不振，从市中心的大房子搬到了郊区，孩子也从国际学校转到了普通学校。

我也见过有人在中年时把前半生辛苦积累的一大笔钱拿去投资，希望能够靠投资的收益来对冲中年危机，结果赔得血本无归。积累的财富荡然无存，给自己退休后的生活、子女的教育带来不小的麻烦。

因此，你需要学会管理财富，既要留住钱，也要让钱生钱。

二、我们如何赚钱和理财，才能一生都无惧风雨，守护家庭？

投资看上去复杂，但是如果有了正确的方向、得力的工具也可以事半功倍。在这些年的客户服务中，我们总结提炼了每个人都能受益的经验，汇集成了这本书，无论你处在人生哪个阶段，这本书都可以帮到你。

假设每个人平均年龄为 80 岁，一生中能工作赚钱的时间只有 30 多年，却要承担 50 ~ 60 年的开销。一寸光阴一寸金，时间比你想象得更值钱。

根据多年积累的经验，我们认为绝大多数人一生都需要面临以下现实问题：

（1）如何让 30 多年工作的收入，承担 50 ~ 60 年的生活开支？

（2）家庭的重要经济支柱，忽然重病或去世怎么办？

（3）不懂投资的你，把辛苦赚来的血汗钱投入了高风险产品，一夜之间归零，怎么办？

（4）当你接近退休年龄的时候，猛然发现你没有存够钱，你该如何面对未来几十年的无收入状态？

下面这张图来自印度的知名财务顾问 Sanjay Tolani，我们做了更细致的补充，希望你看看自己的人生财富时钟，指针到了哪里？

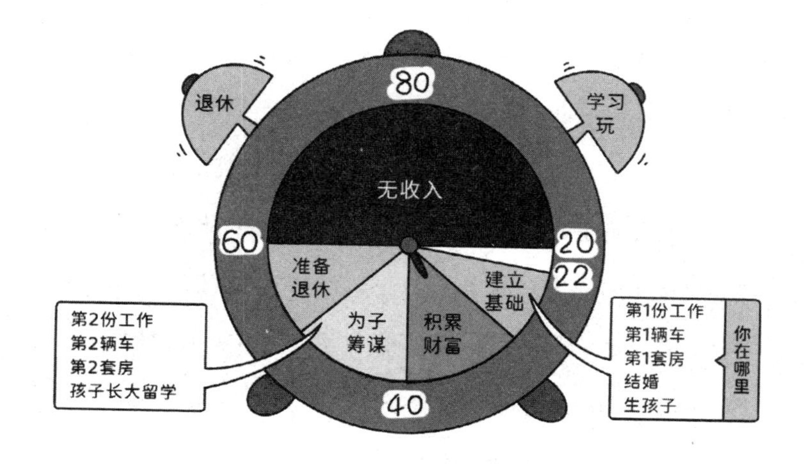

图 0-1　人生财富时钟

三、准确划分人生阶段，逐步实现人生财富目标

我们尝试把人生财富时钟分为几个重要的年龄段，每个年龄段有几个重要的人生目标和财富目标要实现，你就会更清楚该怎么办。

第一阶段：22~30 岁

关键任务：靠勤奋 人赚钱，先储蓄 钱赚钱

22 岁到 30 岁是初入社会建立事业基础的阶段，很多人在这个阶段找了第一份工作，买了第一辆车、第一套房，还可能结婚生子、组建家庭。

这是你人生宝贵的红利期，有着青春年华旺盛的精力和学习能力，还

有刚入社会无限的可能性和潜力。年轻人是初升的太阳，但切记青春是有保质期的！工作几年如果没有进步，未来的机会就越来越少。

这个阶段要勤奋工作、积累经验，同时一定要从关注每个月的收入变为关注积累下来的现金。不要着急赚钱，要先学会储蓄和自我增值。让自己的人更值钱，才能够进入下一个阶段：从人赚钱变成钱赚钱。

第二阶段：30~40岁

关键任务：靠技术 人赚钱，学投资 钱赚钱

30岁到40岁，这个阶段是和其他随波逐流的同龄人拉开距离的关键，是作为职场的中坚力量积累财富、提升收入的阶段。很多人会在这个阶段升职加薪、换工作或者辞职创业，也有人用积累的第一桶金开始投资，买第二辆车、第二套房，为孩子准备教育资金。

这个阶段，要从“人赚钱”的思维转变到“钱赚钱”，最重要的投资，是用现金换现金流。如何做到？记住一个原则：用赚到的钱来买资产，然后让资产来帮你赚钱，也就是钱换资产、资产生钱。

你应该从靠体力赚钱转变为靠脑力赚钱，千万不要再和年轻人拼体力，要思考自己是否能成为专家或未来的领导者。同时要学会“借力”，从靠自己变成借力团队、借力平台、借力人脉。

第三阶段：40~50 岁

关键任务：靠资源 人赚钱，建系统 钱赚钱

40 岁到 50 岁这个阶段主要靠你之前的积累，建立更加多元化、攻守兼备的资产组合，并开始思考未来的养老问题。如果你的收入比起年轻时没有质的飞跃，或者进入了瓶颈期，那么你就要考虑除了工作收入以外，还有什么其他收入来源？你的被动收入能否超过你的主动收入呢？

你积累的财富很多，但需要花掉的钱也很多。除了负担长大的孩子的教育支出、 年迈的父母的养老支出，可能还面临中年职业危机，在收入方面遭遇困境。更可怕的是，你距离退休养老的时间越来越近了。所以必须有一个系统的投资思维，也就是建立一个兼顾保本、可持续回报、高收益的多样化投资系统。

第四阶段：50~60 岁及以上

关键任务：保持开放，连接共赢

到了 50~60 岁及以上，你再也无法工作的时候，你有多少资产？银行卡里面还有多少钱？你还有哪些被动收入渠道？有没有足够的现金流来支撑未来二三十年低收入甚至无收入的生活呢？你有多少负债？有没有为子女的未来做好准备呢？

人生不用非要一条路走到黑，只依靠一份工资收入，只有一条现金流。这样做大大局限了自己人生的可能性。保持开放心态，为积累财富增加不同的收入渠道，就像一棵树在地下深深地伸展出好几条长长的根茎。这样未来面对人生、家庭和工作的变化，才能有强大的支撑和底气。

守住下限，再博上限；先向下扎根，再向上生长。时间无法倒流，但你可以调整跑道、加快积累财富的步伐，追回失去的时光和财富。

图0-2 人生阶段划分

不管你处在哪个阶段，请你回答以下三个问题。

（1）现在你的所有收入可以维持生活多少年？如果你只有工作这一项收入来源，那这份工作你能干多久，5年、10年，还是一辈子？

（2）现在你的所有资产，包括房地产、流动资产、市场投资、股权资产等等，能够给你带来多少被动收入？这些被动收入能持续多少年，5年、

10年、30年，还是三代人以上？当你不工作的时候，有没有能帮你赚钱的资产？

（3）现在你从生活所需要的支出推算一下：每个月有多少被动收入能让你放心？你想用多少年去实现财富自由？

如果你未能很明确地回答以上问题，欢迎你关注我们的微信公众号“香港金融侠侣”或视频号“阿汝娜老师”，我们会定期分享财富管理的思维和知识。

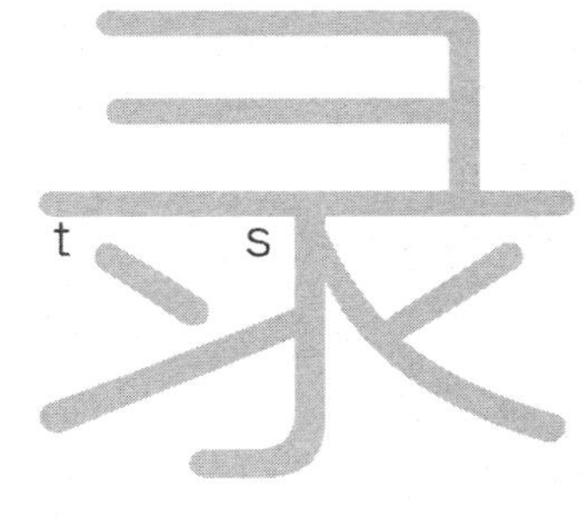

c o n t e n t s

第一章

不论月薪 3000 元还是 30000 元，都能尝试的开源节流技巧

第二章

人两脚钱四脚，聪明人都在用钱生钱

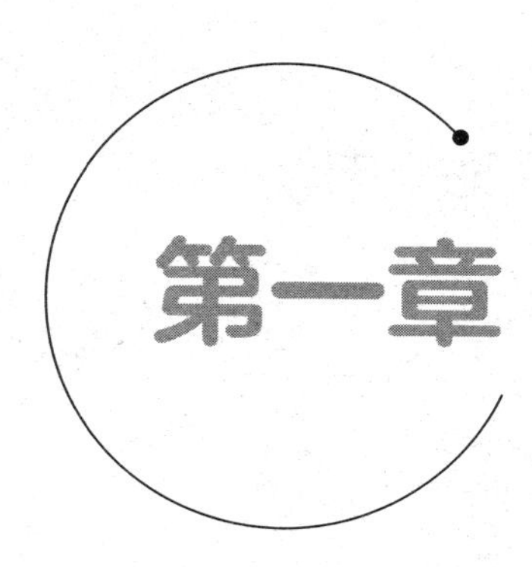

第一章

“不论月薪3000元还是30000元，都能尝试的开源节流技巧”

第 1 节

识别自己的“伪需求”，不做消费“冤大头”

> 巧妙地花一笔钱和挣到这笔钱一样困难。
>
> ——比尔 · 盖茨

请你带着以下三个问题阅读本节：

1. 为什么拥有足够的流动资产，才能抵挡突发情况？

2. 怎样才能消除“伪需求”，用投资思维去消费？

3. 怎样才能快速地积累财富，“养肥”自己的账户？

有一个创业的年轻朋友亲口和我说，他每年账户进来的钱有 800 多万元，出去的也差不多是 800 多万元。钱和流水一样进来，又像流水一样出去。自己手里什么都没有握住。

我另外一位朋友，每月工资大概 8000 元到 1 万元。她花钱极其自律，每月雷打不动地存钱，也不做任何有风险的投资。她告诉我，看自己储蓄账户里的数字不断增加，是她最大的成就感。工作五六年以后，她的储蓄已足够作为首付，在家乡二线城市，买一套小房子了。

其实很多人不是穷，是把钱花错了地方。他们对自己挣多少钱是清楚的，但是对自己花多少钱没有概念，很随性，导致存款很少，抗风险能力非常弱。

相反，很多善于理财的人也不是股神，只是把不该花的钱都省了下来进行投资。

没有接受过财商教育的人基本不知道如何看待财富。如果把财富的概念比作一个池塘：

（1）池塘里有多少水？（你现在拥有的资产）

（2）池塘的水从哪里流进来？（收入的来源）

（3）池塘的水怎么流出去？（支出都去了哪里）

（4）想象我们的池塘旁边，有一个坑要用你的水去填，这个坑有多深？（有多少负债）

理解了财富的概念后，我们怎样才能“养肥”自己的账户呢？我认为要做到以下三点。

一、拥有足够的流动资产

拥有足够的流动资产，是理财最重要的一步。巧妇难为无米之炊，先“养肥”你的账户，才能进可攻，退可守。

很多时候衡量财富状况的不是数字，而是时间。假设你突然没有任何收入，你的钱能够维持日常生活多久？是 1 个月、3 个月还是半年？海外知名的金融畅销书作者博多·舍费尔，建议每个人先计算每月至少需要多少开支，然后再用这个数乘以 6，也就是说你应该至少有 6 倍的生活保障资金。

这就是每个人都必须拥有的最低保障，可以有效防范突发情况。

但是，我对博多·舍费尔的见解有不同看法。博多·舍费尔并没有把“资金”的含义明确下来，导致很多人把随时能变现的股票计算在内。可是，以我们多年的经验来看，大部分人急需用钱的时候，发觉自己的股票亏本，不愿意割肉。而且，未来的生活中会有越来越多的不确定性，比如 2020 年的全球疫情，欧美国家有很多人失业接近 1 年，所以我建议每人每月的开支乘以 12 作为生活保障资金才更安全。

还有些人认为正是因为手上没多少钱，所以更应该投资高收益、高风险的资产来快速扩大资本。但我是不同意这种思维方式的，因为我们一直教导读者和学员一定要“先守下限，再搏上限”，自己手头的钱都不够维持生活，就不要谈投资。

二、大刀阔斧砍支出

如果你的财富积累得还不够多，就要学会更聪明地消费。我想送给你几点建议。

1. 要想积累财富，你必须学会拒绝诱惑

不要过于关心别人开的车、穿的衣服，能拒绝消耗类商品的消费诱惑，往往具有更多的机会去积累财富，也可以帮助我们减少生活中的炫耀性消费。要警惕现在的消费主义营销陷阱，比如一些网站或直播卖货。那些花

时间关注别人买了什么，一直惦记着最新的顶级消费品，比如电子设备、首饰、化妆品的群体，很难积累财富。

2. 注意消费主义给你制造的“伪需求”

购买不是刚需的产品，将消费和“爱自己”“享受人生”还有你的身份挂钩，就是消费主义给你制造的“伪需求”。商家会设计购物节日，将产品寿命设计得很短，不断推出新产品，如某手机品牌每年出一款手机，潜移默化让你认为不买新型号就落伍了。所有这些举动的目的只有一个：让你消费、消费再消费，给商人和资本创造更多的利润。

这些“伪需求”在你生活开支中所占的比重绝对超乎你的想象，而且线上支付也会大大降低了你花钱的敏感度。

3. 用投资的思维去消费

用投资思维去消费，是对财富积累的奖赏。如果没有投资思维，很容易不断陷入消费的陷阱，从商家编造的规则中购买身份的标签和虚幻的美好体验，始终没有积累起财富的原始资本。

曾经有一部电视剧《三十而已》，女主角为了混进阔太太圈子，刷信用卡去买二三十万元的爱马仕包。这个包在她心目中是“投资”，是一块跨越社交阶层的敲门砖。现实中，花几个月甚至半年工资买包的行为很常见。不同的是，现实中买的包是纯粹的消费品，带不来你进入上流社会的门票，也带不来未来的财富。

哪些消费可以砍掉呢？给大家一个很实用的判断标准：这笔消费是需要还是想要？

什么是需要？就是你必须支出的费用，不消费就影响到了你的生活。

什么是想要？就是指你的欲望和情绪驱使的消费，如果你不消费，对生活也不会影响很大。

你可以对照一下，看过去的花费里，有多少“想要”可以砍掉？“需要”占了多大比例呢？

我也分享一下我现在的消费观：我不会在消耗品上面花很多精力，而是用更多的精力去做自己感兴趣的事情。我喜欢买表或者轻便能装东西的包，这些都是很实用且真正喜欢的，而不是冲动消费。所以我买的东西都可以用很久，也从来不后悔花了重金，因为真正喜欢，而且它能经常陪伴。

三、节约好比聚宝盆

在“养肥”账户的实际操作上，我给大家几个实用建议。

1. 申请独立账户，定期存款

为自己申请一个独立的账户，控制住收到工资的激动，每个月发了工资，第一件事就是先把工资的10%存进去，然后再消费。这个账户里的钱，不要轻易使用。那么涨工资了怎么办呢？把涨工资的部分存进去。这样你花出去的钱，就不会水涨船高。

为什么要在收到工资后先存钱，再消费呢？

因为大多数人习惯把每个月花剩的钱存下来。这样做很难“养肥”账户，很多人一个月赚 5000 元最后存下来 1000 元，工资涨到 1 万元，还是只能存下来 1000 元。不要高估自己对消费的自律；也不要低估消费的这个独立账户未来给你的惊喜。

2. 剪掉你的信用卡

还没有积累足够财富的你，请看看你有没有信用卡，如果有的话，马上剪掉。等你存下来的资金足够了，再重新申请信用卡。信用卡未还款，逾期的利息是每天万分之五，听起来很低，但如果按年利率来计算，其实是 0.05% × 365 = 18.25%！这已经是十分高的了。另外，如果你借了 2 万元，但只是还清了 1 万元，大家以为银行会按 1 万元来计算利息，但其实还是按 2 万元来计算利息。稍有不慎，你会被收取很高的罚息。如果你不是一个会玩信用卡的人，建议你马上剪掉你的卡。

现在很多年轻人都会用花呗，但其实花呗的分期个人贷款，不管是 3 期、6 期、9 期还是 12 期，它的年化利率都近 15%。这种贷款也尽量不要碰。

有钱又会大把花钱的人，很多都是儿童时期非常贫穷的人，他们以花钱的方式来忘却小时候贫穷带来的恐惧和羞愧感，因为花钱的一瞬间能够短暂地感觉到掌控感，但那只是一瞬间，在那之后会长久地感觉到不安心。

如果不处理好我们和钱的关系，一生都会被不安所控制。

所以大家可以在花钱之前问自己一个问题：你最近有没有买你不需要的东西？你买这个东西的时候，内心活动是什么？

给生活做一些减法，让消费回归理性和本心，守住我们的财富。你可能觉得，说得容易做到难，怎么管住自己的手呢？一起来看第三个建议。

3. 找一个可靠的“财务总监”来监督你

从你的爱人和朋友里面找一个自律的人来监督你，下次消费的时候，先问一下他，“双票通过”才买。如果你有家庭，全家可以选出一个“财务总监”，每项支出都要投票通过。

给大家讲一个小秘密，很多次消费的时候，我都把我先生拉出来给我建议，因为他知道我是冲动型消费者。支出调整后，我每个月的信用卡消费最少能省下 1 万元，一年多存了十几万元！

千万不要进入消费陷阱，一定要关注你自己财富的护城河。其实我们的财富积累并不是靠几个关键的选择，而是日常生活中的一个个小选择，最终积累成为我们的原始财富，所以请大家一定要记得适度消费。

小练习

查阅一下你最近 3 个月到半年的银行账单，列出有多少费用是“想要”而不是“需要”的？有多少费用是值得花的或是值得投资的？试着优化未来每个月的消费支出。

第 2 节

培养存钱意识，给未来存一份底气

> 当局者迷，旁观者清。
>
> ——刘昫

请你带着以下三个问题阅读本节：

1. 为什么赚不到认知以外的钱？
2. 你有用财务报表管理财富的意识吗？
3. 如何利用三张报表管理自己的财富？

大多数人都是 22 岁左右开始进入社会工作，当投资吃亏或家庭发生巨大变故时，才产生财商的意识，开始重视规划自己的财富和人生。我和周剑铨也是后知后觉的人。我在香港投行工作时曾月入十几万元，但每个月差不多花光。当时我认为反正每个月有十几万元工资，所以对钱花在哪里和留下多少用来储蓄都不太在意。2014 年，我因为没有做好安排，手上现金太少，无奈地向银行借了税贷，导致后续每月入不敷出。2015 年，投行开始裁员，我想离开创业时，才发现现金流严重缺乏，不仅要还税贷，还要还房贷，只要离职一个月，我就会因为没有钱而宣告破产，那时才知道有钱傍身的重要性！后来我跟周剑铨谈恋爱，很幸运地借助他的经验和指导打破我的财务困局。

所以，22~30 岁这个阶段一定要建立财商意识，了解自己的资产结构。从 2020 年起，我们指导了来自不同行业的 1000 名学员。经过多年的观察，我们发觉大部分人在管理财富方面都有以下共同的问题：

（1）不清楚钱花在哪里；

（2）不清楚每月能剩下多少；

（3）不清楚买过的理财产品是赚钱还是亏钱；

（4）不了解资产的架构流动性和风险；

（5）盲目地投资不符合自己财富规划的资产；

（6）认为买了理财产品就是在管理财富。

你可以对照一下上述六个问题，看自己有没有这些问题？如果你没有搞清楚这六个问题，你的财富增长速度就很难提高，甚至当遇到一些“黑天鹅”事件，比如疫情、股灾、裁员、理财产品爆雷时，会迅速清光你辛苦积累的财富。

我们在第一本书《财富自由从 0 到 1》中曾写过利用梳理支出、重整债务和增加现金流这三种方法来管理财富，这让我们实现了千万负债到千万资产的命运转变。正确管理财富的前提是你要成为自己财富的旁观者而不是当局者，先看清自己要管理什么，然后再去做。

如果你真的非常重视自己的财富，那请你牢牢记住以下这个财富管理的原则：先明理、再梳理、后管理。

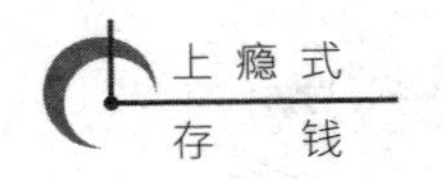

一、先明理：你赚不到认知以外的钱

金融产品只是一种工具，如果你不具备充足的知识去驾驭这些工具，随时会血本无归。大部分管不好财富的人都是投资失败亏了钱后，才发觉自己的认知水平不高。

2019年底，我先生的一位亲戚说有一个朋友找他投资一家外汇投资的分区公司，金额约100万元。母公司是一家从事黄金、白银、期货和外汇交易的公司。我先生的亲戚被拉到一个微信群里，群主每天晒从外汇中赚了多少钱，有些群友也开始投资小钱，然后金额越来越多，账面上赚了很多钱。剑铨的亲戚对外汇一点都不懂，但也忍不住先投资了5万元，不久就赚了15%，之后又追加25万元。2020年初，群主突然说投资系统被黑客攻击，丢失了所有的交易数据，钱都拿不回来了。

我先生早已提醒过亲戚不要乱投外汇，因为这种投资对投资人的分析能力和反应速度要求很高。并且，很多国家是不可以自由买卖外汇的，市场上不可能有平台帮你操盘赚钱。我们经常收到一些读者的求助，说是被骗进了这种外汇的杀猪盘。所以，大家千万不要掉进坑里！

二、再梳理：三张报表

相信你也经常听到“你不理财，财不理你”这句话，但其实“理财”不是马上动手买什么理财产品，你要先梳理自己的财务状况。如果你不了解自己实际的财务情况，不关心自己的资产结构变化，你就看不清楚现在和未来的需求。

我们可以借鉴会计师分析企业财务的方法，为自己或家庭制作财务报表，为财务做一个简单的“诊断”。一般来说会用到三张报表：资产负债表、收入支出表、现金流表。

资产负债表就好比人体的骨架，收入支出表就是人身上的肌肉、内脏及各个器官，而现金流表好比人体的血液。优质血液给身上的肌肉、内脏及各器官提供养分，人就会健康生长。只有三者有机地结合，才能得到一个健康的身体！一个人现金流越多，就能配置更多的资产，当资产比负债多时，你的财富才会增长。

在这里我们教大家简单制作一下财务报表，假设一位打工者的财务数据如下：

收入开支情况：

§ 年收入（税后工资）40 万元；

§ 基金分红 1.2 万元（年初投入 30 万元，4% 收益率）；

§ 副业收入 5 万元；

§ 非固定支出 12 万元；

§ 固定支出约 34 万元。

资产负债情况：

§ 年初手上有现金 50 万元；

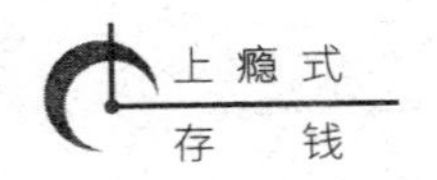

§5 年前买汽车 40 万元，目前市场价值 9 万元，年底结束供款；

§1 年前买了一套 300 万元的房子，市价不变，30 年期贷款 215 万元，每年还房贷 18 万元，含 3.6 万元利息；

§ 年中投资 20 万元股票；

§ 年初有 3 万元的免息短期私人贷款，年中全部偿还。

1. 收入支出表和资产负债表

收入支出表反映个人及家庭在一年时间内的收入和支出情况，看的是这段时间能存下多少钱；

资产负债表反映的是你的资产到底是增值还是减值。

收入支出表（年度）		
收入项目	**金额(元)**	**占比(%)**
正常收入：		
工资（税后）	400,000	71.2
投资收入：		
基金分红	12,000	2.1
其它收入：		
副业收入	50,000	8.9
金融资产增值/减值	100,000	17.8
总收入	**562,000**	**100.0%**
支出项目：	**金额(元)**	**占比(%)**
非固定支出		
水、电、煤费用	10,000	1.8
交通费	20,000	3.6
旅游、休闲、娱乐费用	90,000	16.0
固定开支		
物业管理费	24,000	4.3
汽车折扣（非现金）	62,000	11.0
房贷（内地）	180,000	32.0
个人贷款（短期）	30,000	5.3
汽车贷款	39,600	7.0
总支出	**455,600**	**81.1**
净收入（总收入-总支出）	106,400	18.9%

资产负债表	年初	年末
资产	**金额(元)**	**金额(元)**
流动资产：		
银行现金	500,000	154,800
股票	-	200,000
流动资产总计	500,000	354,800
非流动资产：		
汽车	400,000	400,000
汽车累计折扣	248,000	310,000
汽车净值	152,000	90,000
基金	300,000	400,000
内地房地产市场价（住宅、商铺、商品房）	3,000,000	3,000,000
非流动资产总计	**3,452,000**	**3,490,000**
总资产（流动+非流动）	**3,952,000**	**3,844,800**
负债：	**金额(元)**	**金额(元)**
个人贷款（银行短期）	30,000	-
短期负债总计（1年内）	30,000	-
内地房地产（住宅、商铺、商品房）	2,150,000	2,006,000
汽车贷款	39,600	-
长期负债总计（1年以上）	2,189,600	2,006,000
总负债（短期+长期）	**2,219,600**	**2,006,000**
净资产（总资产-总负债）	1,732,400	1,838,800

表 1-1 收入支出表和资产负债表

这里要提醒大家在制作这两份表格时注意的事项：

（1）一般收入支出表反映的数据都是实际现金收入和支出，但有时候会产生非现金的收入或支出记录，主要是根据会计原则需要而产生。比如，股票未成交结算时的价值变动需要在表里记录为未实现收益或亏损，在实际变卖后，才会列入正式收益或亏损。

（2）资产负债表分为总资产和总负债，净资产就是总资产减去总负债。净资产的变动反映的就是你的财富有没有增长。

（3）资产可以分为流动资产和非流动资产，而负债可以分为短期负债和长期负债。凡是你在一年之内变现的资产或偿还的负债，就是流动资产和短期负债。而一年以上的无论是用钱衡量的理财产品，还是房车或艺术品这样的资产，全部都是非流动资产。超过一年偿还的负债都是长期债务。

（4）所有资产和负债价值都要按照现在的市场价值填写。

2. 现金流表

收入支出表展示出每年你支出各类项目后剩下多少钱，资产负债表会列出实际财富增减的情况，但并不能看清楚你的现金账户（银行账户）资金流进出资产和债务之间的过程。为了更准确把握现金流的去向，年终现金价值可以由现金流表计算出来：年终现金价值 = 年初现金价值 + 三种个人活动（收入活动 + 投资活动 + 融资活动）的资金变动。

我认为三张财务报表最实用的是现金流表。现金流如同个人财务的血液。失业不赚钱并不会影响生活，但没了现金流，个人财务迟早会“挂掉”。

表 1-2　现金流表

现金流表	年度变化(元)
净收入	106,400
汽车折扣（非现金）	62,000
基金价格变动	(100,000)
个人收入活动	**68,400**
股票投资	(200,000)
个人投资活动	**(200,000)**
个人贷款偿还	(30,000)
房贷偿还	(144,000)
汽车贷款偿还	(39,600)
个人融资活动	**(213,600)**
年初现金价值	500,000
年度现金变动	(345,200)
年终现金价值	154,800

这三种现金流的活动对现金流的变化计算如下：

§ 个人收入活动：一般使用收入支出表 + 资产负债表数据 = 收入支出表的净收入 + 收入支出表的非现金流支出 +/- 资产负债表上资产变更价（不包括现金）。

§ 个人投资活动：一般使用资产负债表里资产的数据 = 任何金融及固定资产投资的支出 + 完成资产交易后的实际价值。

§ 个人融资活动：一般使用资产负债表里负债的数据 = 任何债务本金偿还 + 任何第三方贷款。

大家可能猛一看以上报表会吓一跳，尤其是以前没有接触过会计财务报表的人可能会觉得：啊，怎么这么复杂？

但其实没有这么难，只要你花时间做一次，弄清楚整个报表的架构，以后就会非常方便。

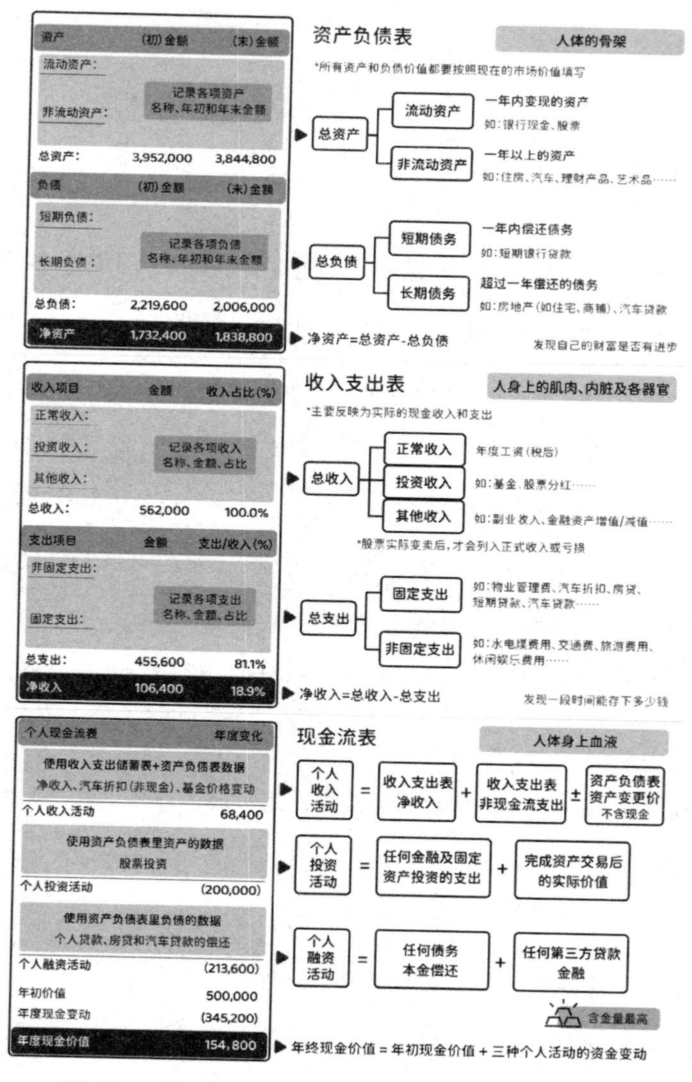

图 1-1 资产负债表、收入支出表、现金流表概览

三、后管理

花了那么多时间来制作自己的财务报表，那究竟该如何利用这些财务报表来进行财务管理呢？

我们以上述例子分析：

（1）从收入支出表看，我们看到个人贷款和车贷在明年会消失，所以支出会减少约7万元。汽车折旧（非现金）明年也会消失，但并不会增加现金流。

（2）副业收入是5万元，但明年可能没有。如果从明年节省的7万元支出中对冲5万元副业的消失，你的账户上还会增加2万元现金。

（3）固定支出基本没有办法降低，可以从非固定支出再省出1万~2万元现金用作储蓄或资产投资。

（4）净资产虽然从173万元增长到184万元左右，但其中房产净值占了一半，其他的资产如汽车或股票（除了基金）都产生不了更多现金流。

（5）年底结算的现金价值为15.4万元，而每年的支出为45.5万元。万一失业，在不变现股票和基金的情况下，手头上的现金只能维持3个月的生活。

我在这里只简单举了几个分析结果，还有很多数据可以用来深入分析你资产和财务的状况。

“智者一切求自己，愚者一切求他人。”无论你多少岁，无论你有没有学过会计或金融，都要学会看懂自己财务的全局情况，依赖别人提供给你财富管理的工具或指导，自己却一知半解，到最后很可能会成为投资市场的牺牲品。

按照你目前的储蓄和投资情况，做一套财务报表。你可以参考我的模板，也可以根据自己的情况稍作改变。

第3节

以“复利思维”开始存钱，越存越上瘾

> 无欲速，无见小利。欲速则不达，见小利则大事不成。
>
> ——孔子

请你带着以下三个问题阅读本节：

1. 为什么说复利增长是“滚雪球”式增长？
2. 为什么年轻的时候更要用复利投资呢？
3. 如何借力专业的投资机构进行复利投资？

复利是一个被爱因斯坦称为世界第八大奇迹的东西，是能够事半功倍积累财富的方式，对于收入不多、积累不丰的年轻人是一种十分重要的积累财富的手段。如果你还不知道这个“奇迹”，还没有认识到它可能带来的丰硕成果，那你一定要认真阅读本节文章。

一、做时间的朋友，享受指数级增长的复利

2022 年，我一个朋友买了每月派息的基金，刚好市场不错，每月的利息积累下来，一年赚了 14%。这个朋友马上把利息都取了出来，自己稍微添了一点，去买了另一只很稳健的基金。

这就是用鹅生出来的蛋，再去孵小鹅。这也是很多理财课都在不断说的复利。单利就是银行存款，复利就是把赚到的利息拿出来再投资，俗称“利滚利”，是最适合年轻小白的一种投资思路。很多人觉得，投资理财，就是要看准时机入场，马上赚一把。但我们想分享给大家的是：时间比时机更重要。请做时间的朋友，不要想着快速致富，要耐心致富。

我在网上看过复利和单利的一个简单的比喻。想象一下有两片稻田，A 田采用单利，B 田采用复利。开始的时候，两片稻田都只有一颗稻谷。A 田每一年的收获都是一颗稻谷。B 田第一年收获 1 颗稻谷，这颗稻谷又重新种回田里，所以到第二年产量翻倍，收获 2 颗稻谷。之后每年都把收获的稻谷种回去，产量都是前一年的两倍：第三年变成 4 颗，第四年变成 8 颗……从这个比喻中，我们可以看到复利的威力。长期来看，B 田（复利）的收获指数级增长，而 A 田（单利）的收获始终是一颗稻谷，增长是线性的。时间越长，单利和复利积累的资产差距越大。这就是为什么我们说复利比单利好。

在实际的投资中，如果我们持续地将收益重新投资，利用复利的原理，最终的收益将远超单利投资的方式。

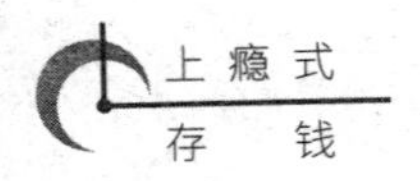

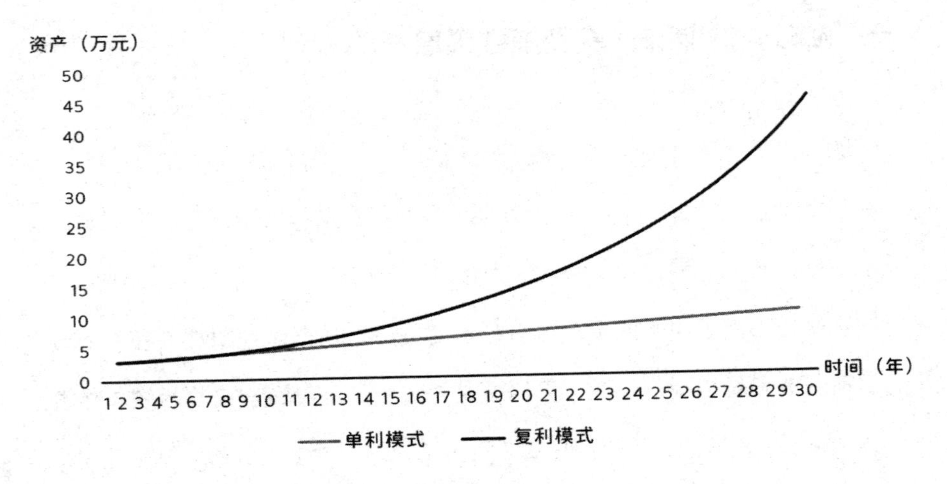

图 1-2　单利和复利收益曲线

二、利用复利事半功倍地积累财富

有三点大家一定要记住。

1．“滚雪球”一定赢过过山车

我有一位朋友做基金经理，他热衷于投资，把 90% 以上的金融资产都放在了海内外的股票和基金上。这位朋友认为，这样做可以让钱更快地增值。他一直很鄙视银行存款和年金保险，觉得把钱放在里面就是白白错过让钱升值的机会。

让我感到意外的是，今年这位朋友突然联系我，说想为自己配置一份拥有复利功能的养老储蓄计划。当时我很惊讶，就问他："你不是一直不喜欢储蓄型计划，只喜欢投资吗？为什么今天突然问起储蓄计划来了？"朋友回答道："今年行情不太好，股票和基金不得不在低位割肉，本来 100 万元的资产现在只剩下 51 万元了。"

他说他之前只专注于收益，但现在意识到了安全和稳定的重要性。没有了安全性和稳定性，再多的收益也只是水中月，镜中花。我们可以看到，稳定的复利回报虽然开始时不起眼，但是长期下来，收益是非常可观的，甚至比波动很大的基金收益还高。最重要的是，我们完全不用操心。

我们可以把股票类高收益、高波动的投资和稳定的复利投资看作两种不同的投资方式。股票类高收益、高波动的投资就像是过山车，大起大落很刺激，能让你获得极高的收益，但同时也面临着很大的风险，如果不慎犯错就可能损失惨重。

复利投资就像是滚雪球，它的速度虽然不快，但贵在持续和稳定：有很黏的雪（稳定的收益）和很长的坡（长期持续的利滚利）。复利投资的收益通常以低波动、逐步增长的方式实现，在长期投资过程中，它就像是一位诚实可靠的朋友，能确保你的投资稳定地增长。如果你追求稳定性和长期收益，把部分资产通过这种方式投资增值可能更适合你。这样你晚上睡得更安心，白天过得更舒心。

总之，高收益、高波动投资就像是一场刺激的短跑比赛，而稳定的复利投资则更像是一场考验耐心与毅力的马拉松。我们试着把时间拉长，谁更可能赢呢？我想你的心中已经有了答案。

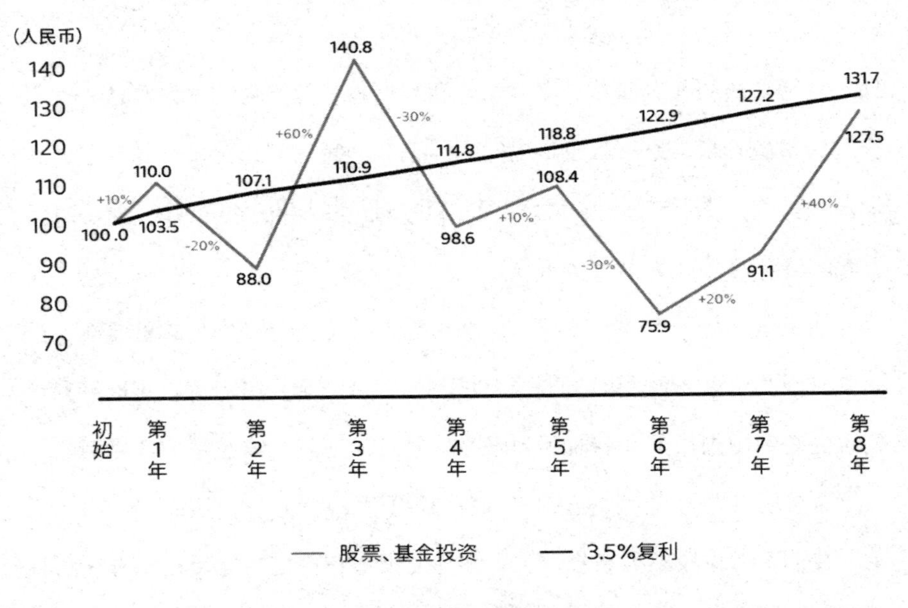

图 1-3　时间对收益的影响

2. 学会与时间做朋友，要趁早开始借复利的力量

为什么年轻的时候更要开始用复利投资呢？因为“提前布局，美好结局”。

让我举一个易懂、形象的案例来解释年轻人如何利用复利投资。复利的本质，就是把每年的收益再投资，放回本金里继续滚存生息。

假设有三个人小 A（20 岁）、小 B（30 岁）和小 C（40 岁），每位投资者每年投资 50000 元，年收益率为 6%。他们都计划在 65 岁那年退休。那么让我来描述一下他们投资和取得收益的情况。

首先，A 从 20 岁开始投资，总共投资 45 年，每年 6% 的收益率。小 A 的总投资金额为 45 年 ×50000 元 =2250000 元。按照计算年金未来价值的公式：

$$FV=P\times\left[\frac{(1+r)^{n}-1}{r}\right]$$（P 表示每年投资金额；r 表示收益率；n 表示年期）

相当于 45 年间，她用这 2250000 元“鹅妈妈”孵出了约 10637176 元。非常惊人，对吧？

接下来，我们来看小 B。他从 30 岁开始投资，总共投资了 35 年，总投资金额达到了 1750000 元。有了长期的复利效应，他到退休时总共获得了约 5571739 元。

最后，我们来看小 C。从 40 岁开始投资，投资了 25 年。当他 65 岁时，总投资金额为 1250000 元，他的退休金将达到约 2743226 元。

通过这个案例，我们可以看出年轻人越早开始理财，越能利用复利的力量，帮助自己在未来积累更丰厚的财富，也就是说越早开始投资，你滚出的雪球就会越大。一样的投入，耽误 5 年或者 10 年，在稳定复利的影响下，带来的是过百万的财富积累差距。所以，不要小看时间和复利对财富的影响。

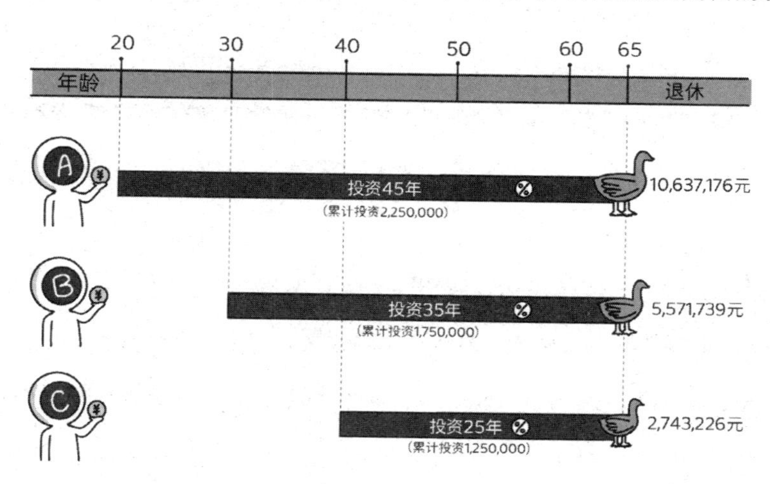

图 1-4 复利的力量

3. 选择 IRR 更高的复利产品，借力专业的投资机构

普通人是很难数年如一日自律地运用复利投资的，所以借力专业机构的投资产品，用被动储蓄的方式配置复利资产可以更好地实现财富的增长。在利率下降的趋势中，尽早配置复利资产，能锁定比较高的长期收益率，避免赚钱的速度赶不上利率下滑的速度。

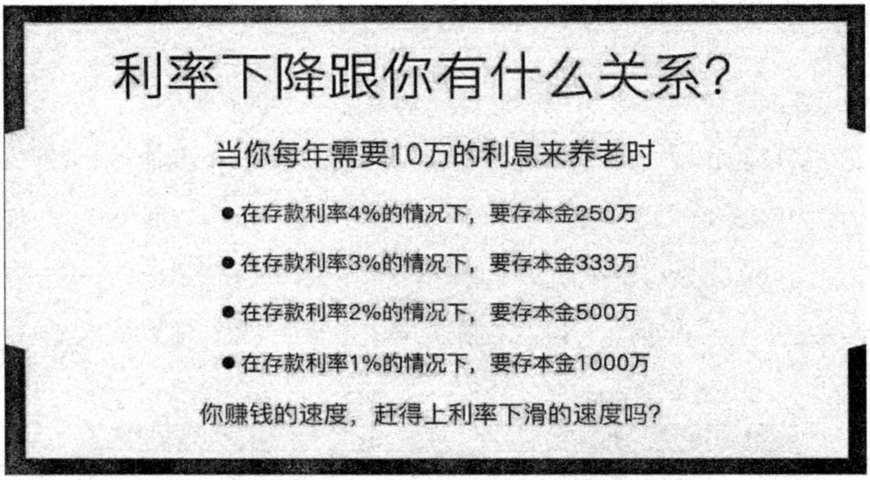

利率下降跟你有什么关系?

当你每年需要10万的利息来养老时

- 在存款利率4%的情况下，要存本金250万
- 在存款利率3%的情况下，要存本金333万
- 在存款利率2%的情况下，要存本金500万
- 在存款利率1%的情况下，要存本金1000万

你赚钱的速度，赶得上利率下滑的速度吗?

图 1-5　利率下降的影响

最常见的复利产品是保险公司的年金，大家在选择时要学会对比和计算。给大家两个例子做参考。30 岁的男性投保人，年交 100 万元，5 年缴清。

某年金产品在缴费期完成之后，保单的现金价值和身故保额开始每年按照3.5%的复利进行递增，一直持续终身。优势在于它的回报率是有保证的，未来的利率会越来越低，所以你今天可以锁定一个较高的利率。缺点就是

没有信托的功能、限于人民币资产、回报率只比通胀率高一点点。

而多元货币储蓄保险的优点就是有信托的功能、全球多种货币资产配置。比如，美元的回报率比通胀率高 3%~4%。但是比较高的收益不是全部保证的，大部分是预期收益。大家一定要根据分红实现率是否达到预期来判断公司的投资能力和产品的质量。

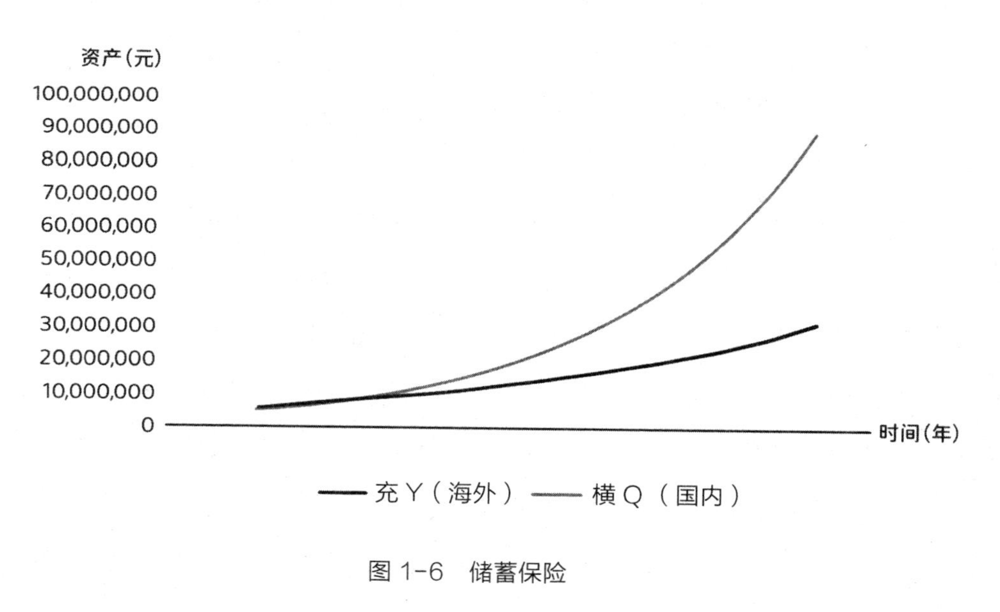

图 1-6　储蓄保险

以美元为例，美元储蓄的人寿保险长期复利超过 6%，所以时间越长，资产利滚利的效果越明显。从杠杆的角度来分析，某国内的定额增额终身寿险在保费交清后，保额对比已交保费的杠杆为 1.6 倍，而美元储蓄人寿的杠杆为 2.8 倍，美元储蓄的收益更高。那是不是就不考虑国内的寿险呢？不是，大家也可以把预算分配到两种产品上。首先以国内人寿锁定利率，同时买多元货币储蓄的人寿来放大未来资产增值的效应。

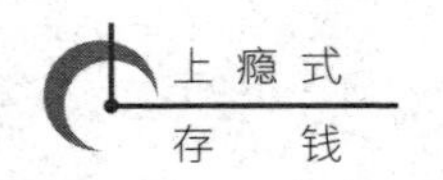

除了复利的储蓄产品，普通人还可以自己投资，比如选择一些长期收益稳定、风险较低的投资工具，例如指数基金等。定期进行投资，不断地将收益投入资产中，会让收益产生更多的收益。

总之，想要获得复利最重要的就是耐心。就像一个雪球，开始时非常小，但随着滚动的时间越来越长，那些微不足道的雪花累积起来，雪球就越来越大，最终变得非常庞大。

要借用复利的力量，就是要尽早投资，让时间做你的朋友。比如说我的很多客户，他们会给自己的孩子买一份复利的海外储蓄，直到 20 年后他们大学毕业甚至成家立业，才会把这一份储蓄给他们。如果孩子表现得不好或者不争气，那这份储蓄他们就自己留着用，不会给孩子了。我也给我们夫妇和女儿买了三份复利海外储蓄，并且不打算在女儿 18 岁上大学之前或者我们自己退休前用到这笔钱，希望能够让它安静地、默默地增长。

无论是投资还是人生，复利效应都很明显。工作、人脉、技能，甚至一点点运气都能像雪球一样不断翻滚积累。

小练习

试着梳理一下你目前的投资理财产品，哪些是单利的，哪些是复利的？计算一下你获得的实际收益，与当初购买时的预期相比，是赚是亏，你满意吗？如果再来一次，你会如何调整呢？

第 4 节

给自己布局一份“睡后收入”

> 金钱是一种有用的东西，但是，只有在你觉得知足的时候，它才会带给你快乐，否则的话，它除了给你烦恼和妒忌之外，毫无任何积极的意义。
>
> ——席慕蓉

请你带着以下三个问题阅读本节：

1. 你现在有哪些赚钱方式？
2. 财富自由的本质是什么？
3. 如何减轻自己赚钱的困难程度？

人生就像行走在一条很长的道路上，走得越远看到的风景越多、越美。在这条人生的道路上，有人选择步行，有人选择开车，还有人选择坐火车。为了看到更多更美的风景，当然要选择更快捷的交通工具。积累财富也是如此，你的选择会决定你一生存钱的难度。

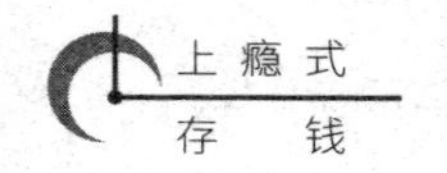

一、单人单维度——走路，靠自己的劳力赚钱

单人单维度就像走路，指的是你靠自己的体力或者脑力，取得固定的工资。这个方式是主动收入，要付出努力，如果发生很大的变故，就会中断收入。所以无论工作多么努力、多么勤劳，赚到的钱都是有限的，存钱的难度也相对较高。

我在毕业后8年多的职场打拼中一直加班，3年在会计师事务所，5年在投资银行。尤其是投行，基本没有节假日，周末睁开眼就去公司。我拼命地燃烧自己，以加班为荣，觉得自己在不断地创造价值。后来我慢慢地发现，在工作的同时，我也失去了很多，自己作为“人”的需求永远要在工作之后。

我永远不会忘记促使我下定决心离开投资银行的原因。我一位关系非常好的同事小静星期五晚上下班比较早，晚上10点去了朋友家聚会，那位朋友恰巧我也认识。11点多朋友着急地给我打电话，说小静忽然晕倒，后脑勺磕到了鞋柜的边沿，流了一大摊血，朋友紧急叫救护车将她送到了医院。

第二天小静还要加班，所以她拜托我帮她向老板发邮件，请几天假住院。我马上给她老板发了邮件。第二天一早老板着急地打给我，第一句话就是：“她是在办公室晕倒的，还是在家晕倒的？”得知不是在办公室，我明显听到他松了一口气。接下来的几天这位老板就再也没有一点动作，所有同事也跟没发生这件事一样。

小静情况好转之后，就给老板发了邮件。小静说再恢复几天就回来上班，老板回复了。我至今都记得他的那段话：“小静，谢谢你及时更新你的情况，请保证你回来上班的时候是 100% 恢复的，因为我们马上有个项目要开始，需要你 100% 地投入工作，谢谢。”这封邮件没有一句关心，没有一句问候，而是提出了回来工作就必须身体达到 100% 恢复的要求。

在那一刻，小静被敲醒了，突然看明白了很多事情。而我作为旁观者也被敲醒了。一个星期之后小静回来，直接辞职离开了。她为这个老板兢兢业业奋斗了五六年，只得到了这样的结果，这对她来说也是非常好的解脱了。

之前我一直觉得职场就是丛林文化、弱肉强食，高薪就是要拿命拼，就是不应该有自己的生活。后来我见了很多不同行业的朋友，看到了很多快乐的人，发现我以为的只是世界的一角。世界很大很精彩，有很多人在快乐而有尊严地赚钱，充实而有意义地贡献。

我个人一直觉得：工资 = 补偿（二者的英文都是 compensation），而人不应该只为了补偿而活，应该为未来单飞储备足够的弹药，希望有一天长出翅膀，去做自己真正想做的事情。

可怕的是，很多人在年轻的时候工资逐年上涨，觉得未来一定会很好，殊不知在 35 岁左右会逐渐进入中年职场危机：工资不但不涨，工作还可能被比自己更年轻、性价比更高的同事替代。

我有好几个熟人，20 多岁到 30 多岁在职场上一路高歌猛进，年收入不断上涨。但是 35 岁之后，因为各种原因离开了高薪的公司，想找一个收入是原来的一半的工作都非常难。

除了心理上的落差，更难的是整个家庭都习惯了之前几百万收入的生活，如何在未来的几十年里，面对收入大减、财富缩水的状况还能好好生活呢？毕竟由俭入奢易、由奢入俭难，这是所有依靠单一收入的打工人最需要警惕的一点。

二、单人多维度——汽车，靠资产配置赚钱

单人多维度，指的是你靠自己的本事去赚钱，但是不止一个赚钱维度。就像开车，虽然也需要自己去把握方向盘，但是有四个轮子在前进。如果遇到顺利平坦的下坡路，稍加马力还会开得很快。

我认识一位前辈，他并没有靠创业，而是靠打工在5年内积累了数亿资产！当然如果只靠工资，几乎是不可能实现的。秘诀如下：

他每年的收入大约有200万元是工资，而其余收入都是公司的股票或期权激励。因为他在一家处于快速上升期的公司负责一块重要的新业务，做得极好，业务市场份额和利润都增长得很快，所以老板不断地给他期权激励，而这家公司的期权价格从他刚入职时的2元飙升到了100元，现在依然还有七八十元，他的收入自然是水涨船高！

对于开车，我还有一个理解：“前轮带后轮。”

车的前轮，是努力工作或创业赚取的主动收入；后轮就是投资。靠前轮“人赚钱”来的财富，用后轮去“钱赚钱”，建立自己的资产组合。

当然，赚钱本身并不重要，重要的是在积累财富的这个过程中你获得的经验、人脉。如何利用这些金钱以外的资源，才是一生财富源源不断的

关键。一个属于自己的品牌，一个属于自己的资产组合，一个属于自己的生意和企业才是真正长远且有价值的资产，才能给我们带来财富自由。

我们夫妻早在 2020 年就通过努力实现了多维度收入，在第一本书《财富自由从 0 到 1》中，列举了我们的多维度收入来源，供你对照参考。

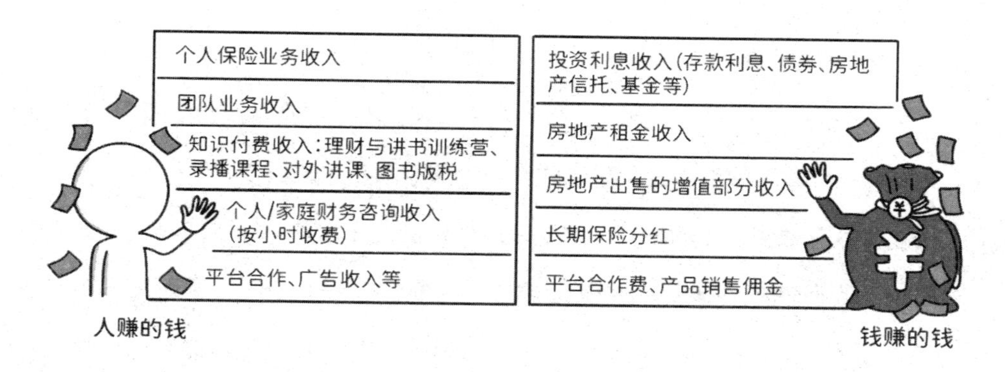

图 1-7　多维度收入来源

三、多人单维度 + 多人多维度——火车，靠系统和思维赚钱

这个维度我们可以理解为靠系统和思维赚钱。我们建立起了一个让钱自动流入的系统，不需要再付出很大努力，就可以保持财务自由的状态。因为在火车上，我们无论是玩耍、聊天还是睡觉，火车都会继续运行。你不需要为钱而工作，钱会主动为你工作，我们可以好好欣赏沿途的风景。

这个系统可以是一个商业模式，或者一个投资组合：

（1）拥有系统的人赚的是“睡后收入”——睡醒后就有的收入；

（2）持有大量资产组合的投资者赚的是免税收入，是不用交税的投资收入；

（3）一般打工人赚的是税后收入，即赚到钱还要交完税才属于自己；

（4）为了赚更多钱在本职工作以外还去做兼职的，赚的是“免睡收入”，不睡觉来换取的额外收入。

你属于哪一种？

一个人的时间和精力都是有限的，因为我们不是机器人，就算 24 小时连轴转，你能够做的事情、接待的客户也是有限的。我们在 8 年前刚考虑创业时就意识到这个问题，一定要运用杠杆借力，大家一起把饼做大：要成立团队、建立品牌、搭建平台，吸引更多的人来一起奋斗。所以我们从 2016 年就开始建立自己的团队，吸引了很多优秀的伙伴来一起做财富管理事业，去服务更多的家庭。我们的团队也从多人单业务拓展到多人多业务，把财富管理团队扎实升级到了家族办公室的模式！

在香港开关后，我们的团队几乎每周都收到很多新简历，就是因为更多人意识到了：

首先，要加入一个足够专业的平台，能够让你在现在单维度的业务上，扎实积累好自己的第一批客户和第一笔财富；

其次，当你想增加多维度的财富来源，平台也能给你资源和机会培养你，让你有更多的收入来源和未来成长的想象力；

最后，如果你想要升级，自己建立团队，我们的平台也可以给你助力，把你培养成一个优秀的领袖，你学到的知识和经验可以继续传承下去，吸引更多人与你一起奋斗共同成长。

从走路，到开汽车，再到坐自己的火车专列。其实就是我们人生最重要的黄金 30 年，规划好这三个 10 年，我们的阶层才不会下滑。巴菲特说过一句话，如果你没有找到一个当你睡觉时还能赚钱的方法，你将一直工作。事业、家庭和理想在人生当中应该取得平衡，哪怕我们现在还没有达到，但我们至少要有梦想。

财富并不是唯一选题，赚钱并不代表要牺牲自由和健康。方法比努力重要，我们看似没有选择，但其实永远都有选择。这一节希望给年轻的朋友树立大方向和思维模型，这样在人生的下一个阶段，我们会事半功倍地躬身入局、创造财富。

参考我的收入来源表格，列举一下你自己的主动收入和被动收入，并写出下一步如何优化的行动方案。

第二章

“人两脚钱四脚，聪明人都在用钱生钱”

第1节

如何增加被动收入，开启“躺赚”人生

> 善治财者，养其所自来，而收其所有余，故用之不竭，而上下交足也。
>
> ——司马光

请你带着以下三个问题阅读本节：

1. 为什么说定投指数基金是最好的策略？
2. 适合新手投资的指数基金有哪些？
3. 为什么说利率债适合懒人？

人的收入分为两种：主动收入，是努力工作与经营赚来的钱；被动收入，是躺着就能赚的钱。对于毕业有一段时间、积累了一定财富的人来说，理财的关键是被动收入带来的收益，财富自由最重要的，并不是今天我投资的收益是多少，而是投资所得被动收入是否具有可持续性。

一、定投：投资指数基金最好的策略

投资领域专家，比如巴菲特、格雷厄姆都反复强调指数化投资的重要性。作为在投资上取得一些收益的我，会建议投资新手跟着大盘走，直接投资指数基金。这样做有两个好处：

（1）指数基金是不会清盘的，可以跨越经济周期。一般来说，你持有指数基金两三年后都会赚钱。

（2）定投指数基金是一种强制性储蓄，并且可以保持资产增值的可能性。

定投的买入位置一定是有高有低的，但是最终仍会拉成一条均线。用英文来说就是平滑效应（smoothing effect）：平滑了股市的波动。任何市场都不是投机者的游戏，只有长期投资、长期持有才万无一失。因为我们的增长不是他人短期亏损的结果，而是经济的长期增长。

做定投，不用止跌，只要负责止盈。每个人心里都有一个止盈的标准。比如，我的标准是10%，一旦到达10%，我就立刻抛。当然了，你也可以根据自己的需求设置为15%、20%。

定投就是要在固定的时间，比如每月发工资之后的第一天，以固定的金额进行买入。通常定投有三种时间周期可以选择，每周定投、每两周定投和每月定投，建议周期要规律。之前我看到有学员提出逢跌加仓，逢低加仓有一个风险：你是无法预测市场会不会继续跌的。可能你加了仓，还在继续跌，那你就浪费了手中的“子弹”，会造成你的可投资资金紧张。影响你其他的资产配置。

所以我给大家提供两种加仓思路：

（1）跌 30% 再加仓。投资你手中可用资金的 1/3，然后以 10% 为一档，如果再跌 10%，你再投三分之一，再跌 10%，你就把剩下的 1/3 都投了，之后就按照正常的规律定投就可以。

（2）另外一种思路是跌 10% 就开始入场。每跌 10%，加仓的金额就大一倍，呈倒金字塔形，这样就可以一点一点地加，不至于把所有的子弹都抄在半山腰。不过还是建议大家不要频繁地去关注市场，牵涉太多精力，保持一个规律的定投习惯即可。如果真的大跌，资金充足的前提下，超过 30% 再适当加仓。

何时大涨，何时大跌，谁都没法预测，也不建议大家去预测。股市的波动和国际形势有关，很难预测。所以定投基金只要记住一句话：下跌坚持买，盈利果断抛。做基金定投的关键就是如果一直在下跌，你是否能够“下跌坚持买”，如果可以，就能持续拉低我们的持仓成本，等待反弹盈利的机会。要定投多久？这就看你自己的资金有多灵活了。

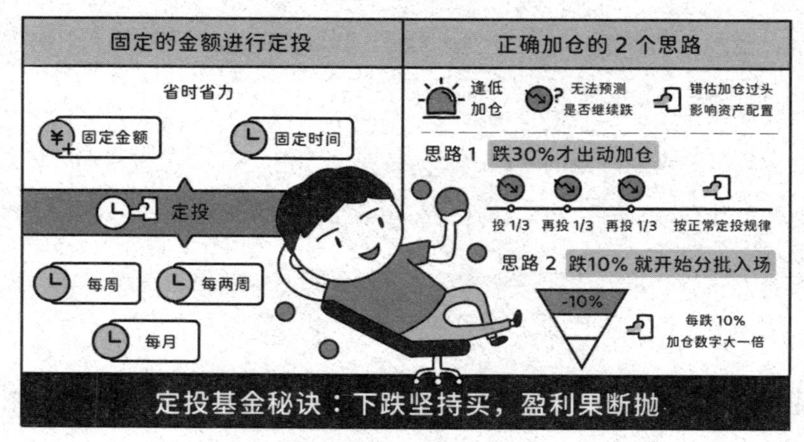

图 2-1　定投

二、指数基金：适合小白定投的代表性基金

截至2023年3月，中国大约有1303只封闭式基金、2026只股票基金、4690只混合基金、372只货币市场基金、2094只债券基金、233只QDII基金和大约1828只指数基金。大家可能也听过沪深300、上证50、中证100、中证500、深证100、中证1000、中证800、创业板50和深证300。

对于投资小白来说，我们建议投资沪深300和中证500。沪深300和中证500这两只指数基金基本代表了整个股票市场。沪深300指数基金是国内影响力最大、最重要的指数基金，是从沪深两个交易所中挑选最大、流动性最好的300家大型企业，投资这只基金基本上就是投资国运。另外，中证500指数主要投资中小型企业，属于细分行业龙头，是日均市值前500，且不包括沪深300指数的公司。

另外，2022年11月，我们也建议过定投基金的投资者关注科创50指数。科创50指数是由上海证券交易所科创板中市值大、流动性好的50只证券组成，反映最具市场代表性的一批新兴科创企业的整体表现。我们认为它值得定投主要有以下原因：

（1）经历了阶段性的三年调整后，科创板在2022年进入到相对底部，2023年有逐步走强的可能。

（2）随着科创板的产业趋势更加明朗，机构投资者有望继续向科创板倾斜。

（3）产业政策升级：创新驱动发展战略逐步过渡到建设现代化产业体系。十八大提出了创新驱动发展战略，而二十大又提出了建设现代化产业

体系的发展要求。

（4）目前来看2023年到2025年，最重要的产业趋势是AI+浪潮，科技的发展有望开启强人工智能时代。

当时我们公开分享的时候，科创50指数大约是950点，但到了2023年4月中已涨到1160点，5个月的涨幅超过20%。

指数有宽基和窄基之分，宽基是指覆盖面广、具有代表性的基金，窄基也就是行业基金。具体的选择就要看每个人对行业的熟悉和了解程度了。

三、利率债：100%投资债券的基金

如果你觉得定投大盘指数或行业基金波动性太大，那就配置100%投资债券的基金，比如利率债。

什么是利率债？利率债是指风险很低的国债、地方政府债券、央行票据和政策性银行债，因为安全等级最高，所以利率偏低。投资这类债券的门槛很低，1块钱就可以，它的风险评级虽低但是稳定。如果你每周剩下一些闲钱，就可以有规律地配置这类资产，让闲钱物尽其用。

这里也给大家一个风险提示，所有的投资都不可能是零风险。像上述的利率债已经是市场上极为安全的资产了，非常适合保守的投资者投资，但也会发生回撤，即使对比股权类资产的波动性是微不足道的。

普通小白完全可以在专业公募基金销售机构已经挑选出的基金的基础上，用自己学到的方法去分析，这相当于从挑选好的基金中优中选优。

小练习

扫码添加我的微信或关注我们的公众号“香港金融侠侣”，留言“基金”，我们会给你分享更多的投资知识。

第 2 节

巧妙借贷，让钱流动起来

> 我的忠告就是绝不赔钱，做自己熟悉的事，等到发现大好机会才投钱下去。
>
> ——罗杰斯

请你带着以下三个问题阅读本节：

1. 为什么借钱可以让财富流动起来？
2. 为什么要在找到合适的投资项目后再借贷？
3. 为什么说永远不要把负债用于消费？

学会借钱，才能越来越富有。很多人可能会把借钱当作没有钱的表现，其实越有钱的人越爱借钱，想要积累财富，一定要理解债务，学会借钱！本节就给大家详细介绍怎样通过借钱让财富流动起来，其中包括两条借钱的黄金原则。

一、巧用借贷让财富流动起来

借钱是一种杠杆，方法用对，资产翻倍；方法用错，血本无归。杠杆的目的是事半功倍，也就是倍增，其实无论企业家还是上班族，我们每天都在接触杠杆，区别只在于你是主动使用杠杆，还是被动使用杠杆。我们在22~30岁之间积累了财富，在30~40岁这个阶段，可以充分地利用起来。

简单地举个例子，用别人的钱来做杠杆，就是借别人的资金去投资来增加回报；用别人的时间做杠杆，就是企业家为了提高效率，聘请不同的专业人士来工作。所以杠杆是相对的，在杠杆上只有两个角色，如果你不是主动用杠杆的那个人，那么就会成为被杠杆压倒的那个人。

9年前，我先生跟弟弟合资在香港买了一套二手房。到了年底，这套房子的房价开始上涨，从一开始的500万元涨到650万元，涨到650万元的时候，他们把房贷转到别的银行，以650万元的价值和60%的贷款比率重新申请房贷。

【案例1：首次二手房套现实操】

步骤1：三居室市价500万元，50%贷款比率（房贷250万元 + 首付250万元）；

步骤2：转房贷：市场重新估价650万元，按60%（借新房贷390万元）；

步骤3：新贷款390万元 － 偿还旧房贷250万元 = 剩下140万元现金；

步骤4：套现140万元现金/2 = 70万元现金。

虽然每个月的房贷利息增加了一点，但我先生很简单地就套现了70多万元，其后又把70多万元投资到债券基金和房地产信托基金来创造稳定的现金流，用更高收益的基金分红来还房贷，基金分红扣掉房贷后剩下就是他的净现金流。

2014年底，我先生看中了一套位于广州南沙的毛坯房，所以抵押了部分房地产信托的资产，解套了一笔钱去投资南沙的毛坯房了，2022年10月正式出售，房产的价值刚好翻了100%。

2015年，他和合伙人在香港的二手房涨到950万元，他们又把房贷转到别的银行，套现了90万元。这笔钱不仅搞定了我们婚礼需要用的钱，买了我喜欢的钻石戒指，同时我们把额外的钱又投资了另外一套房子。

【案例2：二手房第二次套现实操】

步骤1：三居室市价650万元，60%贷款比率（房贷390万元）；

步骤2：转房贷：市场重新估价950万元，按60%（借新房贷570万元）；

步骤3：新贷款570万元 － 偿还旧房贷390万元 ＝ 剩下180万元现金；

步骤4：套现180万元现金/2 ＝ 90万元现金；

到了2019年中，我先生以1150万元把房子卖掉，还清房贷之后获得300多万元的现金。

从这里，大家可以看看我先生如何巧妙地利用一套二手房，投资100万元，最终总数变出460多万元，资产翻倍4.6倍，同时变出更多被动收入的基金资产和两套房子来收租。这就是我们经常说，投资首先要学会借力，如果没有借力思维，是很难把投资做好的。

到了2020年，我们感觉香港地区的房价会走低，决定把另外一套房子卖掉，卖房后的钱换成金融资产。通过抵押操作借到的银行利息很低，大概1%~2%，然后把钱投资到新的房产项目，以低成本赚最大的收益。

这就是巧妙地通过“借钱”或“杠杆”让财富流动起来的技术。大家想看清楚如何通过债务让财富流动，把现金变成现金流的公式吗？看清楚：

财富流动的公式：现金→固定资产或金融资产→现金→金融资产→现金流

另外，一定不要抱着以小搏大的心态去做大杠杆，要衡量自己的财力，正确地用杠杆的心态，其实是分期付款，而不是以小搏大。我们经常看到学员因为没有好好管理自己的现金流，出现了现金流错配（cashflow mismatch）的情况，大家要记住千万勿短贷长投。有一位学员借了5年期的私人贷款，去投资股票。股票不但没有分红，而且市场不好，股价的账面值一直跌。光是固定的贷款支出就占收入的30%，每个月都要消耗自己的储蓄。

卖房炒股、卖房创业或者借钱炒股，这些都是财商低，甚至是傻的做法。为什么我们一直都敬而远之短期的投机交易策略？因为这是很危险的，和赌博很相似，如果你大赚了几笔，往往会想去赚更多的钱，最终会吃足了苦头，悔不当初。

二、借钱的黄金原则

1. 什么情况下可以借贷

很多人认为自己的生活还算富足，目前也没有什么大的经济压力，所以不需要借贷。但我想提醒大家，还是要学会借钱，因为借钱有以下三种功能：

（1）用未来的钱做现在的事（金融操作借钱投资）；

（2）用小钱赚大钱（用杠杆放大收益）；

（3）用外地的钱做当地的事（从借钱成本中赚差价）。

可能会有朋友觉得，既然借钱有这么多好处，那么是不是在任何时候都可以借钱呢？不是！只有出现以下这些情况时才能借钱：

（1）投资回报率超过借贷利率（息差）；

（2）投资的资产能带来稳定的正现金流（债券基金、债券、海外房产）；

（3）资产的寿命超过或等于负债年期（时间匹配）。

好的负债本身就是在赚钱，所以懂得如何负债和懂得赚钱一样重要，特别是通胀时期。如果你不能判断你投资的资产是偏正向势力的话，建议你不要投资，因为有可能你的损失也被无限放大。

2. 如何把负债变成良友

要想把负债变成积累财富的良友，需要以下几个条件：

（1）负债不能用于消费。如果将负债用在日常支出、旅行、偿还债务等方面，就会招来更多的劣债。一定要将其用在能够产生额外利润或有助于资本扩张的地方。我们借钱是为了让钱帮我们赚钱，不是单纯地为了消费。

（2）借助固定收入，利用债务创造稳定的收益。再好的投资，如果没有稳固的现金流加以保障，最终也会遭到债务的反噬。因此，一定要有余力持续负担债务产生的利息，或者用债务本身所创造的利润去覆盖其所产生的利息。

（3）投资中创造出的ROE（净资产收益率）一定要高于负债所产生的利息。投资利息低于负债利息，负债自然就成了劣债。用年利率3%的贷款购买年利率6%的资产，偿还利息后还能够剩余3%的收益。假设公司生产的产品能够获得30%的利润，增设工厂能够赚取更多盈利，而用于增加生产线的贷款利息是5%，那么生产线上的剩余利润则可以达到25%，这就是良债。如果遇到劣债，就要学会及时止损。

我先生2009年在美国研究生毕业回香港的时候，背负着上百万元的学生贷款，这个贷款是由5个贷款组合起来的。其中一个贷款是3.1万美金，大概24万元人民币，还款年期20年，每个月还款近2000元。还款一年之后，他发觉有点不太对劲，因为付了2.4万元现金，但债务的本金只是减少了几千元。后来他模拟了贷款的还款现金流表，得出来的结果我真的不敢相信。

（1）他只借了3.1万美金，但20年后本金加利息要付出近6.1万美金（大概47万元人民币），比本金多出1倍；

（2）每次还款的2000元，超过60%都是还利息。

面对这个情况他做了两件事，就省出了18万元：

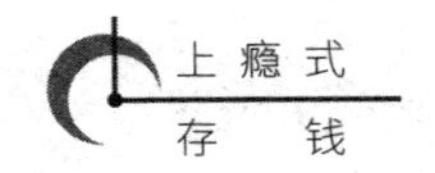

（1）高利息贷款换成低利息贷款。他向第三方借了新贷款 24 万元把原本的 24 万元还清，付出约 3% 的利息，还款年期从 20 年改为 15 年，每个月还款金额变成 1600 元，节省了每月 400 元，一年 4800 元的现金。个人贷款不像房产可以在未来增值后变卖来还清债务，所以建议早点偿还。

（2）加快把贷款的本金还清。他用了 3 年的时间，不定时向贷款人偿还本金。

通过这样的操作，3 年后他只还了 28 万元人民币本金加利息，给了 4.5 万元利息，省了大概 18 万元。省钱在于细节，省钱可创造价值。不管是私人贷款还是房贷，都有可操作的具体方法。

把自己钱包里的钱掏走的债务是坏债，给自己带来金钱的债务是好债。自己无法掌控的负债是劣债，在自己控制范围内运转的负债是良债。当你赚钱的能力遇到危机的时候，如何用钱，如何消费，如何整理债务，会是你的救命稻草。

你现在有多少债务？可以重温一下第一章的资产负债表，试着梳理你的债务结构，看是否能优化负债，释放出更多现金。

第 3 节

为什么说“小富靠努力，大富靠周期”

> 投资者与投机者最实际的区别在于他们对股市运动的态度上：投机者的兴趣主要在参与市场波动并从中谋取利润，投资者的兴趣主要在以适当的价格取得和持有适当的股票。
>
> ——本杰明·格雷厄姆

请你带着以下三个问题阅读本节：

1. 投资中有哪些常见的错误？
2. 为什么说小富靠努力，大富靠周期？
3. 如何综合利用各种信息选行业和资产？

在我的上一本书《财富自由从 0 到 1》中我讲过投资和投机的差别，投资就是以低于价值的价格买入，投机则是在预测趋势。这一节我会讲一些具体的方法。

表 2-1 投资与投机对比

投资	投机
持续性— 细水长流	戏剧性— 一夜暴富
趋势—客观规律支撑	风口—从众入场
做足准备入场	听到风声入场
不需择时	必须择时
长期持有	频繁交易
主要用自有资金	借贷 + 高杠杆
追求稳健的收益	追求高风险、高收益
买入那一刻就有收益	卖出去才有收益
有现金流入	没有现金流入
期待收益：X%	期待收益：X倍

一、投资中常见的错误

在30~40岁之间的你有没有在投资里犯过这些错误？

1. 分散化不足

买熟悉的股票是十分常见的股票交易错误，比如上海人偏爱上海公司的股票，各国的投资者倾向于投资本国市场，公司员工购买自己公司的股票。

有个全球知名的例子。安然公司曾经是美国最大的天然气采购商，他们的员工持有大量本公司股票，认为这是回报最高也是最安全的投资，但是这个庞大的跨国公司突然破产了，股票从每股90美元降到每股不到1美元。几万个员工用于投资该公司股票的退休金全部泡汤，损失高达数十亿美元，他们不但失去了工作，连预期的退休收入也没有了，十分凄惨。

2. 频繁交易

这也是投资中常见的错误，因为净收益 = 总收益 - 交易成本，换手率越高，你的净收益越低。个人投资者亏损的主要原因是交易太频繁，很多人反复买进卖出，来回倒腾不如不动。

3. 追涨杀跌

投资应该向前看，不能往回看。过去的涨跌和现在关系不大。追涨杀跌的行为错在往回看，你以为历史会重演，涨的还会再涨，跌的还会再跌，但这没有理论依据，正确的做法是不受过去信息的影响，否则很容易亏钱。

资产价格涨了一波后，一定会适当地回调到关键的位置，这个时候我们再入场。

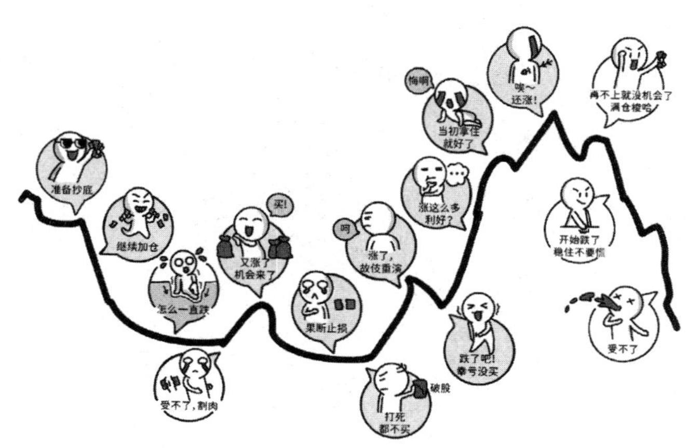

图 2-2　股民追涨杀跌的心态变化

4. 追热点：羊群效应

金融市场上最需要注意的是羊群效应，就是投资者放弃自己的判断，追随大众的现象。不仅是个人，机构也会出现这种错误，比如基金经理互相打听持仓。

股市经常发生炒作股票的情况。比如概念股的炒作。领头羊是持仓超过 1000 万元的超级大户，羊群指持仓 50 万元以下的小户和 10 万元以下的散户。领头羊会直接入场拉抬股价，羊群跟进领头羊炒作后会很快卖出，羊群稍慢一拍，就被套住了。

发达国家的市场上机构投资者占比超过 90%，但中国市场个人投资者占比 80%，很容易形成羊群效应，上市公司分析师、媒体等都扮演了一定的角色来诱导投资者成为羊群。投资者之所以被市场热点吸引变成了羊群，是因为投资者看到很多踩准市场节奏的人发家致富，觉得自己也有这样的运气。其实他们只看到了极端收益，忽视了发生这种极端情况的概率之小，所以一定要警惕，不要成为羊群效应的牺牲者。

我在《漫步华尔街》里看到一个生动的比喻："有些人买一件价值 50 美元的厨房用具时，会对买与不买的利弊考量几个小时，但他们会根据网上聊天室里所谓的投资建议，拿上万美元的钱去冒险。"

二、正确的财商思维：以道断势，由势优术，“六脉神剑”

普通的人改变结果，优秀的人改变原因，高级的人改变思维模型。投资永远是要买未来的可能性，投资思维不能停留在对当下形势的评估上。那什么是正确的财商思维呢？以道断势，由势优术，掌握“六脉神剑”！

如果把投资比作汪洋大海里的一场航行，道是帮你选择一个好的天气，势则是帮你选择一条正确的航线，术就是帮你选择一条好的航船。我们“金融侠侣”行走金融江湖靠的是“六脉神剑”，有了这“六脉神剑”的心法，你就更容易掌握投资门道。

§ 明道：有格局 先布局

§ 取势：懂周期 抓趋势

§ 优术：选行业 挑资产

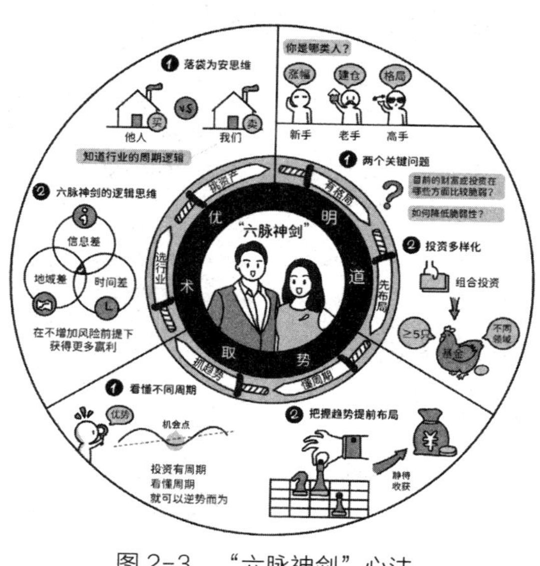

图 2-3　“六脉神剑”心法

1. 明道：格局决定布局，布局决定结局

新手谈涨幅，老手谈建仓，高手谈格局。要判断你是哪类人，首先要问自己这两个关键的问题：我目前的投资结构在哪些方面比较脆弱？应如何补强？

如果你把所有的钱都放在一家银行、一家券商，或只持有一种货币、一只基金，你无异于在玩一把上了膛的枪。幸运时，你可能在短期内赚得盆满钵满，但是很可能面临着灭顶之灾。

顶级投资家说过，不要把所有的钱投入一个行业或者一个国家，明智的做法是投资多样化，普通投资者应该至少持有 5 只基金，投资到金融市场的不同领域。未来是不确定的，投资者应该建立能够承受各种风险的投资组合。

2. 取势：小富靠努力，大富靠周期

善战者，求之于势，不责于人：悲观者找理由，成功者看周期。顺势而为，看懂周期，重仓未来有机会的发展方向和行业。

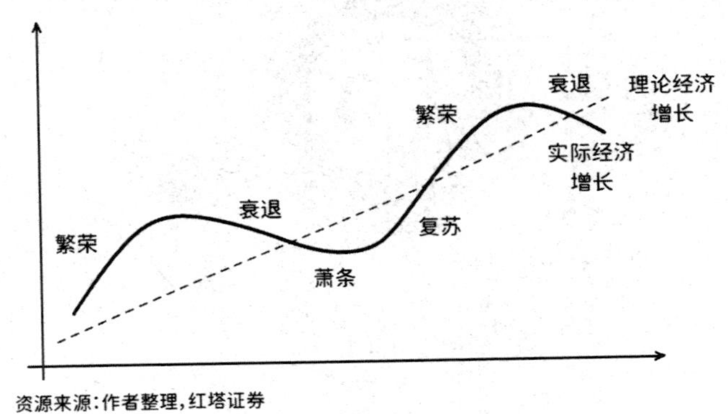

图 2-4　经济的周期性循环

当经济形势非常好的时候，所有人都对未来充满了信心。这时候，人们拼命购入资产、债券、股票、房产。每个人都觉得自己赚到了钱，而且大家都乐观地相信，这些资产的价格只会越来越高，看不到泡沫的存在。终于有一天，泡沫破裂，资产价格开始下跌，大家开始恐慌抛售，进一步导致价格下跌。于是，人们越来越“悲观”，继续抛售，然后继续下跌，最终崩盘。

这就是投资周期。投资周期是由情绪的乐悲交替，导致投资的涨跌轮回。没有泡沫，就没有破灭。没有繁荣，就没有萧条。没有永远的波峰，也没有永远的波谷，一切都有周期。看懂周期，就可以逆势而为，别人以为你是逆势而为，其实是提前布局。

善于把握趋势，提前布局，静待收获，而不是跟风追涨。要在高度的不确定中追求确定性。未来，我们想继续把确定性传递给更多的人。

3. 优术：信息差 + 地域差 + 时间差 = 选行业、选资产

下面这张图，我们总结了 2013 年到 2022 年，产生资产排名前 100 的富豪最多的五个行业。这些行业，你熟悉几个？有信心投资哪些行业的哪些资产呢？

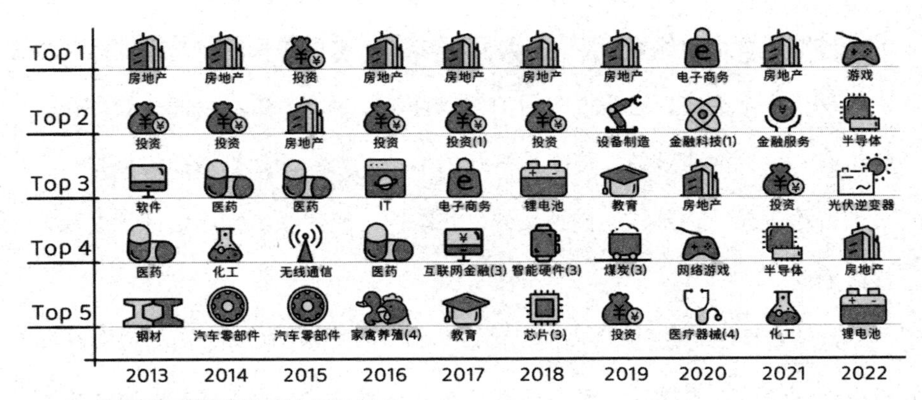

图 2-5　TOP100 富豪所在最多的五大行业

2020 年，当时无论是香港地区还是内地的大城市，房价都是比较高的。但是 2020 年 10 月，我们在别人都冲进房市买房的时候卖掉了香港的一套房和广州的一套房，当时有很多人不理解，现在他们都要膜拜我们了。

这其实就是落袋为安的思维。我们拿着卖了房的现金想再寻找好的投资机会。当时深圳的房价涨得很快，所以我们在 2020 年 10 月到 12 月密集地在深圳看了很多房子，最后我们还是比较偏向曾经买过的楼盘，这是一个网红盘，很多房产大 V 都推过。

当时大家都在抢房，所有房产中介和买房、卖房的人都认为深圳房价会继续涨。我们看房的两个月里，房价确实又涨了不少。中介也替我们着急，说不赶紧买就涨得更高了。

我们两个最终经过详细分析，还是决定不买，背后原因就是这“六脉神剑”的思维逻辑。

因为我们在香港生活，我们分析过香港房价的周期。当一个地区房价已经处于高位的时候，上涨的潜力有限，这时候买入很可能高位接盘。哪怕当时所有的专家、所有的中介都认为深圳房价会继续涨，我们觉得这个估值不合理，我们就不买。我们要去寻找其他价格更合理、周期还没有到来的地方买，所以最终我们用那笔钱去做了其他的投资，成功地靠理性的分析和周期的思维避过了这个坑。

大家记住，要买上涨潜力无限、下跌空间有限的资产；要在一个周期刚刚开始的时候买，而不要在已经出现繁荣景象的时候买。

我们要在不增加风险的前提下，获得更多盈利的可能，这才是学习投资的目的。

请对照本节复盘你买卖过的资产和最近的交易，它们是投资还是投机？按照“六脉神剑”的心法，你会如何调整现有的投资组合呢？

第4节

怎样做好家庭财务规划

> 如果我们生活中唯一的成功是通过买卖股票来发财，那就是失败的生活。成功的投资，只是我们小心谋划、专注行事的生活方式的副产品。
>
> ——查理·芒格

请你带着以下三个问题阅读本节：

1. 为什么说要存钱，更要爱生活？
2. 怎样合理配置家庭理财资产？
3. 怎样合理应对理财中的突发事件？

在序言中我假设过人的寿命为80年，但0~20岁和60~80岁的阶段，你基本是没有任何主动收入的，所以只剩下一半的人生（约40年）能创造财富。

假如你35岁，已经失去15年创造财富的时间，还觉得赚钱的时间多吗？在短短的25年间，你还要考虑以下这四个问题：

（1）假如我不能一直工作到60岁怎么办？

（2）假如我60岁之前就不在人世了怎么办？

（3）假如我很长寿，需要多少钱才够养老？

（4）如果我有孩子，我如何确保他们有足够的教育和生活支出？

以上问题非常重要，你要先知道自己的处境，知道未来的风险在哪里，才好去行动。

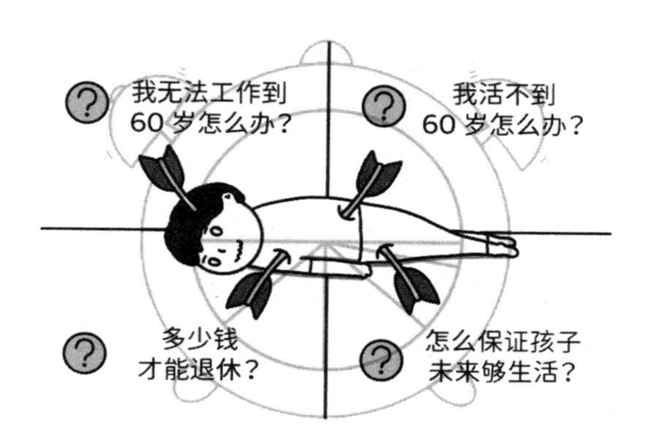

图 2-6　所有的恐惧都来源于这四个问题

一、为什么说要存钱，更要爱生活？

请大家先看一个真实的案例。一个在香港生活的瑞士男人弗洛里安，在瑞士银行工作，收入很高，是全家唯一的经济支柱。突然间他确诊了直肠癌，癌细胞已经扩散了，需要尽快动手术。弗洛里安的公司有交医疗保险，而且是最高级别的，但是保额仍不够覆盖医疗费用。八成的医疗费需要自掏腰包，要自付 200 万元。他的积蓄是远远不够支付抗癌的巨额费用的，因此全家几乎被压垮了。为了省钱，他也考虑过去公立医院，然而公立医

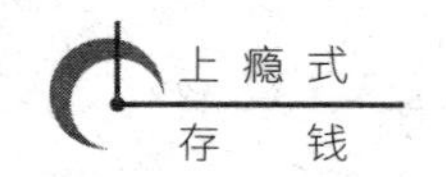

院要等很久，他的太太担心他病情恶化，所以只能选私家医院。这个曾经无比幸福的五口之家一瞬间陷入崩溃，无奈之下只好到网上众筹。

我在看这个报道的时候，代入感是非常强的，所以我直接就翻到最后筹款的账户准备捐款，却发现这是两年前的新闻。筹款早已结束，他们承受不了香港的医疗费用，全家搬回了瑞士。我想到了曾经的自己和我身边无数看上去光鲜亮丽的中高净资产阶层，我们和这个家庭一样，就像精美的玻璃，无比脆弱，一块从天而降的石头就可以将它砸得粉碎。

之后很多天我都在想着这个家庭，觉得身边大部分人都有他们的影子。这些年出现不少因炒股、买基金闹出家庭危机的案例。

要存钱，更要爱生活，追求财富，是为了自己和家人更好地生活，千万不要本末倒置，为了求财而毁掉幸福的人生。如果你年轻力壮，收入又不错，发生意外还可能东山再起。如果你收入不高，家庭负担很大，一次的投资错误可能抱憾终生。总而言之，一定要有资产配置的能力，左手保障，右手投资，两手都要抓。

二、怎样合理配置家庭理财资产？

接下来，要讲解家庭理财资产配置了。我会从家庭的防火墙和安全网——流动性资产与安全性资产开始。

流动性资产，是指银行存款与货币基金；安全性资产，是指保险和养老。这两类资产一定要最先配置，但大多数人都是反其道而行之，先去投资高风险的，缺少保障类和现金类的资产。

我们夫妻从准备结婚开始，就逐渐把家庭的资产进行全面的重组。现在投资组合已经能满足短期、中期和长期对现金流、稳定回报和风险管理的需要。现在的投资组合里，我们的高风险资产不超过20%，其他的资金都放在流动性资产和安全性资产，还有之后会讲到的固定收益资产上。而那些风险比较高的股权和另类投资（不包括房产），我们已经在有利润的时候把大部分都出售了。

三、怎样合理应对“黑天鹅”和“灰犀牛”？

为什么流动性资产和安全性资产这么重要呢？因为生活中要应对的除了“黑天鹅”，也不能忽视“灰犀牛”。

（1）小概率、难预测的突发风险是“黑天鹅”。

例如天灾、突发疾病，发生的可能性不大，大家普遍知道要靠保险来转移风险。就像前文中的弗洛里安，我想他们全家都没有想到，这么健康的人会突然得了癌症。

（2）大概率、可预测、波及范围大的风险是“灰犀牛”。

大家都知道孩子的教育和自己的养老都属于一笔巨大而且必定会发生的支出。但因为有点遥远，所以总觉得是重要但不紧急的事，一直到事情迫在眉睫才大惊失色：一只巨大的“灰犀牛”向我冲来！

1. 应对“黑天鹅”的武器 —— 保险

市面上各种保险眼花缭乱，我简单地分几类给大家讲清楚：人寿、重疾、医疗、意外。

（1）人寿保险：死了才能赔

适合死亡会给家庭带来重大经济打击的人。比如我一位同行突然去世，妻子工资太低，负担不起一个家，从此两个孩子从国际学校转到了社区小学。所以有以下情况的朋友要注意配置：自己是家庭经济支柱；有房贷等高额负债借款；有伴侣、老人或小孩要养。

（2）重大疾病保险：重病就能赔

重疾险是保障的第一道防线，是人人都应该有的标配。重疾保障的范围是符合定义的严重疾病，比如癌症、心脏病、中风等等。作用是防范重大疾病带来的收入损失、提供治疗补偿，同时弥补医疗保险的不足。成年人的保额应该以年收入的 3~5 倍作为参考标准。重疾的保费是和年龄直接挂钩的，一定要在年轻健康时尽早投保。

（3）高端医疗保险：实报实销

医保或者百万医疗这样的基础医疗保险，远远没有办法覆盖大家日益增加的优质医疗需求和越来越高的医疗费用。高端医疗的优势包括：可以入住全球最好的私立医院、住院和手术等相关费用全部受保、终身赔偿限额高达 4000 万元人民币等。

高端医疗保险是报销型保险，理赔的频率比前两种高很多，除了选择合适的产品及公司，更要通过专业的渠道购买，因为专业的服务和及时理赔才是这份保障的核心。

（4）意外保险：意外受伤才能赔

费用低的附加险种，一般会搭配在人寿或重疾上，分为意外死亡或伤残和意外医疗两种。前者更普遍，我买了 200 万元港币的终身意外险，从此再也不用买航空保险了。

2. 应对“灰犀牛”的武器——养老金和教育金

为什么养老金和教育金如此重要呢？赚钱只有青壮年这一段时间，但是花钱却贯穿一生。所以一定要做好财富规划。

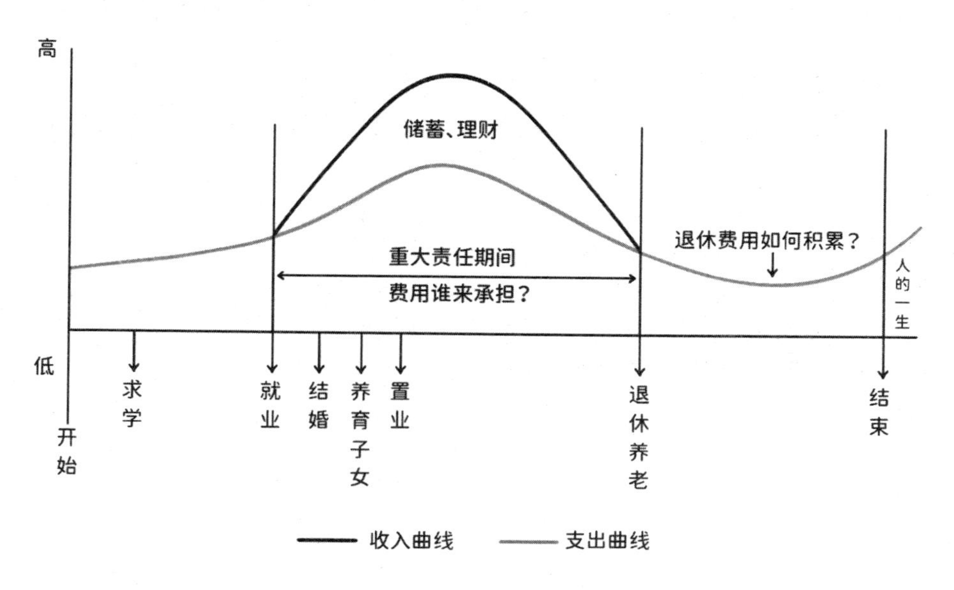

图 2-7　人生生命周期

我们可以用什么来养老？

（1）年金

年金风险低，收益有保证，但收益率可能追不上通胀。现在主险的利率低于3.5%。如果已经配置了国内年金，可以考虑海外年金，海外年金会有额外的分红，可以更有效地对抗通胀。

另外，大家要小心销售的话术，很多代理人会把年金搭上万能账户，这对普通人来说有点复杂，因为万能账户有提取手续费、存入限额等局限，实际收益也是浮动而非保证，回报往往不如想象的那么美好。

（2）海外储蓄保险

在此我们以美元为例，美元储蓄可以通过复利来利滚利增值，收益率能够抗通胀。无论养老还是教育，最好提前10~15年做好现金流规划，养老金可以更早开始。需要注意的是：

①这是中长期“利滚利”储蓄，时间越长增值效应越大，做好短期内不提取的准备；

②投资金额不要超过家庭年现金流的20%；

③做好提取时间和金额计划，请顾问协助倒推投资金额根据未来需要多少现金，计算今天要投入多少保费。

图 2-8　如何应对“黑天鹅”与“灰犀牛”

3. 拒绝短视，重视长期收益

有人说：保险产品的收益率太低了，我投资股市每年至少能赚百分之十几。但是，你能保证每年都赚这么多吗？你能保证一直不用钱吗？

不要小看时间和复利对收益的影响。在这里建议每个人都要学会计算内部收益率（Internal Rate of Return，IRR），它是计算不确定现金流的回报率，在计算保险产品时非常有用。下表就是一个计算内部收益率的例子。

年数	0	1	2	3	4	5	6	年利率 (IRR)
现金流量	-157,014	-157,014	-157,014	-157,014	-157,014	-157,014	1,000,000	1.71%

表 2-2　内部收益率计算

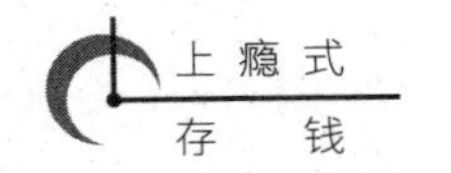

很多销售捧得天花乱坠的产品，一算内部收益率低得可怜。所以不要看表面的宣传，学会一些金融基本知识可以帮你避过很多坑。

教育金和养老金是“必定会发生而且金额很大”的未来支出，所以长期稳定、保值增值是重点。千万不要犯了去关注短期收益率的常见错误，投资波动大的产品，最终本末倒置。

当然，理财最重要的是选一位专业负责的财务顾问，看他是不是从你家庭的实际出发给予建议和方案支持，背后有没有坚实可靠的团队。绝不要让侥幸心理掩盖自己对人生应负的责任感和应有的危机感。

小练习

计算你家里买过或打算买的养老金、教育金保险，看内部收益率有多高？

第 5 节

教你用最划算的钱，买最全最有用的保险

> 选择押宝于自己对未来预测正确，或者选择保护自己免于因预测错误受损。建议你选后者。
>
> ——本杰明·格雷厄姆

请你带着以下三个问题阅读本节：

1. 为什么要合理地配置全保？
2. “四保”具体指哪些保险？
3. 怎样合理购买“四保”？

如果你在 30 多岁的时候有一个稳定工作，还能够想到给自己买一份保险是特别好的。为什么呢？因为保险的本质就是为风险提前买单。当自己和家庭出现不可控的风险时，保险这道屏障，可以有效保障我们的生活质量。上一节讲了保险的分类，本节将给大家详细介绍如何挑选合适的险种、配置全保。

一、挑选合适的险种，合理配置全保

图 2-9 全保示意图

现在关于保险的信息很多，有时候看得越多，变得越困惑。因为大部分信息都是由保险代理人或保险公司提供的，某种程度上会有点偏同质化。而且很多保险信息是碎片化的，使大家有一种头疼医头、脚疼医脚的心理。如果没有完整的信息框架指导，你就可能会像我们的一位朋友一样，被健康保障的缺口打得措手不及。

这位朋友住在南京，每天工作早出晚归，为的是多赚点钱，希望给家人一个美好的生活环境。他很担心高强度的工作会伤害身体，所以非常注重锻炼，总是在朋友圈里发去健身的照片。他还说“与其把钱交给保险公司，不如交给健身房”。可是天有不测风云，他刚买房两个月，就查出了癌症。

虽然是早期，但肿瘤长的位置不好，他用了不少医保外药物，前后花了将近200万元，刚到手的房子也要卖掉了。

这位朋友没有配置保险，总觉得自己还年轻，又注重健康，再加上有社保和公司的补充医疗，所以一直拖延。就是这种侥幸心理，让他把辛苦奋斗多年的财富都送给了医院。我希望每位读者都意识到，单靠社保和公司的补充医疗，对一个人的终身保障是不完善的。每个人面对的风险，不仅来自疾病，也来自意外、突然身故。

全面防范各种风险，我们要学懂“全保概念”，更要深入了解如何挑选合适的保障。市面上的保险产品很多，但归根结底就是“四保一储”。“四保”指的是：

§ 重疾保险

§ 医疗保险

§ 人寿保险

§ 意外保险

“一储”指的是储蓄类保险，储蓄可以排在保障的后面，稍后我会详细对“四保”进行讲解。

人生很长，如果你没有把上述“四保一储”安排好，就等于你缺少一件盔甲的保护，会暴露你最致命的弱点。

二、“四保”的分类介绍

1. 重疾保险

重疾保险的核心理念就是“收入补充”和“转移风险”。假如得了重疾，不能上班，有车贷有房贷，或者上有父母下有孩子，你银行的存款维持不了多久，这个时候重疾险就发挥作用了，保险公司给你的理赔可以用作收入的补充。原本需要你掏钱治病，现在连每个月的房贷，都是由保险公司帮你买单，风险转移了。

想用最少的钱去配置重疾险就要记住以下几点：

（1）理赔保额一定要能抗通胀

选择能抗通胀的重疾保障产品。

（2）越早买重疾，越能省钱

很多人都认为保险人让你趁早买重疾险是一种销售套路，其实这是一个误解。因为年纪越大身体出问题的概率越大，最后可能是保险公司选你，而不是你选它。我们遇到过很多四五十岁的人因为健康问题而无法通过核保的案例，非常遗憾。

而且重疾保费直接和年龄挂钩。你每长一岁，保费会增加 3%~5%，所以越年轻的人买重疾险，省的钱就越多。假设你 30 岁，本来要配置 100 万元的重疾险，30 年缴费期，年费约 3 万元。但是你犹豫了一年才行动，保费就增长 5% 到 3.15 万元，未来 30 年会多交 4.5 万元保费。

2. 医疗保险

我们经常用住酒店比喻选择医疗险。你可以选择快捷酒店，也可以选择稍微高端一点的三星级酒店，更可以选择一晚上千的五星级酒店。星级越高，价钱越贵，体验也越好。这样的逻辑，同样适用在选择医疗险的时候。

图 2-10　用住酒店比喻选择医疗险

（1）最常见的是百万医疗，每个月 20 多元就能够买到 400 万元至 600 万元的保额，可以类比为快捷酒店，价格便宜，基本医疗需求可以满足。百万医疗就是用来弥补社保缺口的，所以跟社保重合度很高，社保能报销的，百万医疗基本都可以；社保不能报销的，百万医疗也覆盖不了。

（2）比百万医疗高档一点的是中端医疗，病房环境可以选择公立医院的特需部门、国际部门，医务人员服务的效率、反应速度等都要及时有效得多。生病本来就是一个人最脆弱的时候，如果你条件还可以，建议提高些预算，给未来的自己更优质的医疗体验。

（3）再往高走就是能够覆盖全球私家昂贵医院的高端医疗，也是近几年中高净值人群特别青睐的医疗保障。高端医疗一般年度报销额度超过1000万元，很多靶向药也可以报销。高端医疗险对治病层面的帮助不仅体现在报销额，更体现在医疗资源。当前看病难，专家号一号难求。但是高端医疗有优质的医疗网络，甚至有跟名医、好医院之间的协议，普通人可以轻轻松松通过一份高端医疗保险，对接到最优质的医疗资源。

在这里科普一个很多人不知道的“医疗融资”概念，它是指提前准备好一笔医疗资产来支付一辈子的高昂医疗保费，是应对每年不断涨价的高端医疗保险的利器。我们为很多客户量身定制了一笔利息稳健、每年派息的储蓄投资，几年交清一辈子的医疗费，未来用储蓄不断增长的利息来支付每年不断增长的医疗保费。

除了选择适合档次的医疗险外，还需要注意医疗险一个非常重要的条款“保证续保”，目前百万医疗和大部分的中高端医疗险都不保证终身续保，一次理赔就可能导致后续断保，甚至没有理赔过，只是因为年龄大也会被告知不能续保。这个问题暂时没有一个很好的办法解决。

3. 人寿保险

中国人传统的观念认为购买人寿保险不是很吉利的事情，所以多少有点抗拒，但其实人寿保险可以解决三个潜在风险：

§ 因为家庭经济支柱早逝，家庭失去经济来源（基础风险）

§ 因自身长寿，养老金不够（中级风险）

§ 家庭财富传承时不合自己心意（高级风险）

大家可以对照自己目前的家庭状况，看存在什么级别风险，是否需要防患于未然。如果有这个需求，该如何选择呢？人寿保险分为两类：定期寿险和终身寿险。

（1）定期寿险

①用小钱在短期获得最大保障，但这是消费型保险，钱花光了就没有了；

②适合家庭经济支柱或者暂时有贷款的人；

③最长可以保到 70 岁；

④一般保额会定在年收入的 5~10 倍。

（2）终身寿险

①适合中年以上客户或高净值客户；

②可保终身，或到 105 岁；

③有现金价值和利息分红收益，可在未来提取当作养老金；

④可以指定受益人，实现对家庭财富的精准传承。

购买定期寿险没有太多技术含量，与保险人沟通好，去选个好的保险公司，保费低而保额最大化就可以。至于一个人在不同阶段适合哪类寿险，也需要衡量投保人当前的经济情况。

我们曾经有一位男客户 30 岁，年收入 70 万元，有两套房在还贷款，每月贷款支出 25000 元，贷款需要还 30 年。已婚并有一个 3 岁的孩子，他是家庭的主要经济支柱，家庭每月的现金流支出较为紧张。当时我们就设

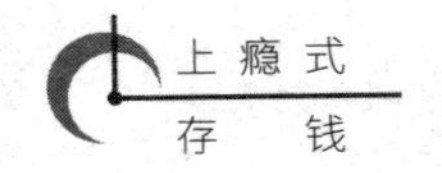

计了一个350万元的定期寿险，交30年，保到60岁，每年保费4242元。

虽然终身寿险在未来可获得更多收益，但保费支出为34650元/年，是定期寿险的8倍多，不适合这位财务吃紧的客户。日后现金流若有所改善，就可以选择终身寿险，把定期寿险退回，毕竟终身寿险的理赔或提取现金都是基本保额再加复利的分红，时间越长，保单的现金价值也会呈曲线增长。

4. 意外险

意外是什么？在意外险中，意外的含义为：外来的，非本意的，突发的，非疾病的。总体来说，意外险包括两部分责任，意外伤残和身故，在此基础上还可以附加意外医疗。我们把定义清楚列下来。

意外伤残指的是不可康复的永久性伤残。这部分保险的被保险人如果是成年人，一般选择其年收入的5~10倍为保额，10周岁以下儿童最高可以保20万元，10~18岁儿童最高可以保50万元。

意外身故是指意外是引起身故的直接原因，被保险人一般在意外发生之后90天或者180天内去世。

意外医疗是对因意外引起的门诊、住院等医疗开支进行实报实销。这项保险是赔付率最高的保险，建议大家一定要加上。

购买意外险要注意以下三个重点：

（1）意外医疗是否不限用药？

曾经有一位养宠物的朋友来问我，如果被猫狗咬伤抓伤，意外保险赔不赔？我回答道：“如果这张保单包含意外医疗，就可以赔。如果它只含基本的意外伤残，就没办法获得赔偿。同时，抓伤的紧急处理和狂犬疫苗都能报销，但是如果你需要注射几百至几千块的免疫球蛋白，那就要看这份保险是否包含进口药/外购药了。如果包含，就可以全额赔偿，如果不包含的话，就只能赔偿其他部分！”

（2）交通意外致伤残、身故是否可以成倍赔偿？

交通意外身故是叠加赔的，也就是说一旦因交通意外身故或伤残的话，保额会在原有的基础上，叠加赔付。比如说，民航客机可以叠加200万元，那么保额就变成200万元+100万元=300万元。

（3）意外险包含猝死吗？

意外险即使包含猝死，保额也不会太多，并且条件是被保险人在突发急症的48小时内去世。

小练习

根据本节介绍的保险种类，来全面整合和了解你的家庭保险配置情况，我们有一个保险复盘模板可以送给你，让你一目了然全家的保障情况！添加我的微信或关注公众号“香港金融侠侣”并留言“保险”即可获得。

第6节

如何合理分配收入与支出，维持财务稳定

> 先事而绸缪，后事而补救，虽不能消弭，亦必有所挽回。
>
> ——纪昀

请你带着以下三个问题阅读本节：

1. 怎样减少开支，维持财务稳定？
2. 维持财务稳定的三个指标是什么？
3. 怎样才能有效利用这三个指标？

不知道你是否听过“帕金森定律”？我们在首本畅销书《财富自由从0到1》中，讲过大部分人很难积累财富，是因为大部分人没注意到收入增加的同时，花费也会成正比地增加，这种情况在25~35岁较为明显。

30~40岁的人，随着工作和社会经验的积累，事业和收入都处于高速成长期。收入提高也意味着消费能力大增，对生活水平的追求也越来越高。比如，女士会更多地购买衣饰及化妆品来装扮自己。男士也会买名表、音响、汽车等展示自己的财富实力。

如果你已成家，家里只有两个人，就会出现很多“浪漫花销”上，比

如经常旅游、去高级餐厅用餐等等。因此，这个家庭在基础的支出外，会不可避免地出现不必要的开支。当家庭成员增加后，家庭的开支更出现多元化的发展趋势。比如，孩子的各种教育费用，贷款换房或者买学区房，等等。这个时候的家庭收入赶不上支出，财务负担一下子上了一个台阶，令人感觉喘不过气。从单身到有了家庭，支出快速上涨是难以避免的，但大部分人都是后知后觉，到了财务紧张时才意识到管钱很重要，想认真管理财富却不知道从何下手。

本节将向大家详细介绍如何调整你的财务报表，更好地维持财务稳定状态。

一、减少开支，维持财务稳定

25~35 岁这个年龄阶段的人，有什么技巧可减缓逐渐增长的开支，维持财务稳定呢？清代著名教育家朱柏庐在《朱子家训》中有一句话，“宜未雨而绸缪， 毋临渴而掘井”。同理，财务管理也是越早开始越好，而且迟做总比不做要好。

你还记我们在这本书的第一章教你建立的三张财务报表吗？如果忘记了，请马上翻回去复习。我们在众多的财务指标中，精挑了三个普通人必须看懂并能够利用的指标：债务支出比率、负债比率、黄金储蓄比率。只要你利用好这三个指标，不管你处在哪个年龄阶段，你的财务情况大概率会保持健康水平。

二、三个关键指标的具体用途

下面我将通过一个真实的案例来演示三个指标的用途。

两年前，我的一位 34 岁的未婚男客户李先生聘请剑铨成为他的财富管理顾问。李先生做外贸生意，赚了钱就在中国和泰国买了房子，年收入近 66 万元，总资产大约 510 万元。李先生的收入算是不错的，但不知道为何总是感到钱不够花。另外，他喜欢投资股票，期待总体回报达到 6% 就可以，但不知道如何利用资产提升回报率，产生更多被动收入来养老。在这里附上李先生当时收支表和资产负债表供大家参考。

表 2-3　李先生收支表和资产负债表

收支储蓄表（2021年）	
收入项目	**金额(元)**
正常收入：	
工资（税后）	600,000
其它收入：	
股票股息	7,800
兼职收入	48,000
总收入	**655,800**
支出项目：	**金额(元)**
生活费用：	
煤气	(4,320)
水费 + 电费	(7,356)
日常家务消费（伙食、父母供养、家庭用品）	(54,000)
通讯费用（手机、电话、网络）	(9,600)
居住费用：	
物业管理费\土地税	(31,000)
交通费用：	
公交/地铁/飞机票	(8,000)
休闲娱乐费用：	
餐饮 + 购物	(24,000)
娱乐（电影、旅行等）	(23,000)
保险费用：	
医疗（年缴费）	(20,000)
汽车 + 住房火险	(9,000)
贷款费用	
房贷（国外）	(156,000)
房贷 （国内）	(36,000)
个人贷款（私人）	(24,000)
个人贷款（银行）	(96,000)
个人贷款（信用卡）	(96,000)
汽车贷款	(43,000)
总支出	**(641,276)**
净收入（总收入-总支出）	**14,524**

资产负债表（2021年）	
资产	**金额(元)**
流动资产：	
银行现金	191,694
定期存款	-
股票	260,000
基金（股票、债券、混合）	-
债券（1年内赎回）	-
其它流动资产（1年内赎回）	-
流动资产总计	451,694
非流动资产：	
汽车	-
国内房地产市场价（住宅、商铺、商品房）	800,000
国外房地产市场价（住宅、商铺、商品房）	3,800,000
退休金	100,000
非流动资产总计	4,700,000
总资产（流动+非流动）	**5,151,694**
负债：	**金额(元)**
短期负债（1年内）：	
个人贷款（银行）	280,000
个人贷款（信用卡）	200,000
个人贷款（私人）	300,000
其它短期负债（汽车）	200,000
短期负债总计	980,000
长期负债（1年以上）：	
个人贷款（银行5年期）	-
个人贷款（信用卡）	-
个人贷款（私人）	-
国内房地产（住宅、商铺、商品房）	400,000
国外房地产（住宅、商铺、商品房）	2,750,000
长期负债总计	3,150,000
总负债（短期+长期）	**4,130,000**
净资产（总资产-总负债）	**1,021,694**

为了了解这位客户的情况，我们从债务支出比率、负债比率、黄金储蓄的比率入手，看看问题在哪里。

1. 债务支出比率：教你识别节流关键点

债务支出比率 = 债务支出 / 总支出

一般健康的财务状况，债务支出最好不超过总支出的 50%。从上面的数据中可以看出，李先生的债务支出占总支出的比例超过 70%。不是特别理想，因为债务支出太高了，导致现金流紧张。

2. 负债比率：教你控制贷款杠杆

负债比率 = 总债务 / 总资产

从资产负债表中可以看出，李先生的总负债比率为 80%，房产贷款价值占总负债的 76%。房贷是需要长期还款的，难怪固定财务支出那么高。

剩下 98 万元债务都是非房贷债务并属于短期债务，我先生向李先生提出两个方法尽快处理：（1）用中长期的银行贷款还掉短期借款，优化债务结构；（2）不停地用低利息资金替换掉高利息资金，降低融资成本。通过这样的操作，李先生的长期债务虽然会上升，但每年的债务和利息支出大幅降低，可以把省出来的钱再投资，创造更多现金流。每次在投资上获利后，拿部分盈利偿还部分长期贷款，形成资产不断增长而负债不断下降的良性循环。

除了李先生的案例，我们2020年中也有一位45岁的私教女学员，她是做实体业务的，疫情防控期间她的生意一落千丈。为了支持业务继续运营，她在银行私人贷款了200万元，每个月要还2万多元，加上其他生活和生意的开支，压力非常大。

在指导她的过程中，我们帮她设计了财务重组的计划，通过金融操作从她一套价值500万元的房子，套出250万元的20年贷款，然后把私人贷款的200万元还清，这样每个月能省下1万多元的现金，另外的50多万元可以用作运营资金。到2022年，这位学员已经走出了困境，每个月都有正现金流，2022年参加了我们的俱乐部，跟着我们学习财商，并在2022年跟着我们一起在海外买了一套海景房给女儿做生日礼物。

3. 黄金储蓄比率

除了债务支出比率、负债比率，你还要关注储蓄。这里给大家分享一个月光者和储蓄者的财富积累对比图。你可以看到，越早懂得储蓄的人，在财富的积累上越有优势。

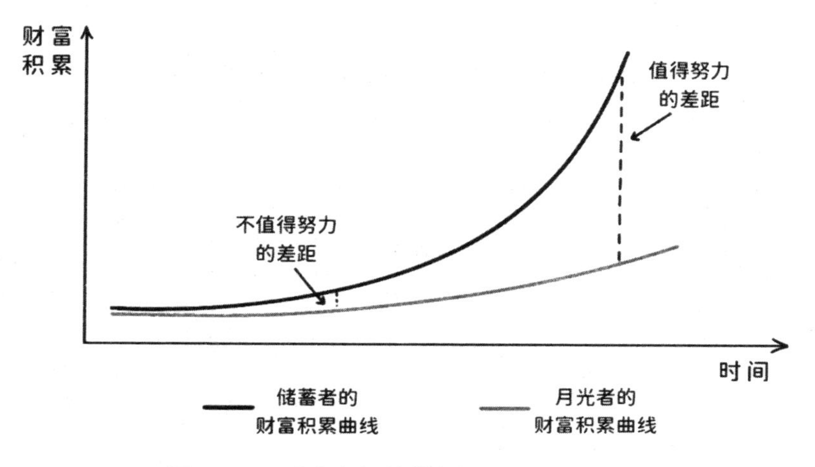

图 2-11　月光者与储蓄者的财富积累对比图

我们也认识收入低的朋友，他们通过有计划的支出管理，靠储蓄也可以 3 年就买一套小房，所以收入多少跟你的财富并不是强关系。你可以用以下的公式来算自己每个月的储蓄率为多少：

储蓄比率 = 净收入 / 总收入

净收入 = 总收入 － 总支出

理想的储蓄比率能达到总收入的 30% 或以上。如果目前没有达到 30% 的储蓄比率，你就要开始先从裁减支出下手。

通过计算我们马上就发现李先生为什么会有入不敷出的感觉。李先生在 2021 年才存了 1.4 万元，储蓄比率仅有 2.2%。假设他父母因为健康问题产生新的开支，我相信他不仅存不了钱，还会失去近 20 万元的现金。

经过我们的指导后，李先生股票分红的收益增长了 1 倍，休闲娱乐的费用降低，财务支出经过初步重组后省出好几万元，把储蓄比率从2021年的2.2%大幅提升到超过10%。虽然距离30%还有一段路程，但相信随着债务的偿还，固定财务支出会不断减低，释放更多的现金用作投资或储蓄。

通过李先生的案例，我给大家演示了三个最基本且重要的指标是如何助你保持财务健康的。

最后提醒大家，冰冻三尺非一日之寒，糟糕的财务情况也是一次又一次的决策失误造成的，所以维持存款稳定增长是需要时间和耐心的。只要有恒心，每个人都可以做到！

小练习

根据本节所讲的黄金储蓄比率，请你计算一下2023年上半年的储蓄比率，看是否至少超过30%？如果想要获得财务报表模板，欢迎关注公众号“香港金融侠侣”，我会送给你我们亲自制作的模板。

第三章

“大环境瞬息万变，有兜底才有安全感”

第 1 节

当手里的钱越来越不值钱，如何让钱保值增值？

> 资产配置是投资市场唯一免费的午餐。
>
> ——马科维茨

请你带着以下三个问题阅读本节：

1. 什么是资产配置？资产配置的主要方式是什么？
2. 配置资产前，需明确哪些问题？
3. 怎样合理保持投资资产多样化？

40~50 岁这个年纪，相信你已经在一定程度上实现了财富自由，但是随着通货膨胀的加剧，手里的钱会越来越不值钱，学会对自己的钱进行合理的配置，让钱保值增值，才是聪明的做法。本节内容将给大家详细地介绍一下怎样进行合理的资产配置。

一、什么是资产配置？

聪明的投资者像出海捕鱼的渔夫一样，知道大海哪里鱼多、哪里鱼少，哪天有台风。如果不懂得专业知识就贸然去投资，就像驾驶着一艘小船出海，只想捕鱼，没有看到即将到来的台风，很可能在风浪中船毁人亡，血本无归。也有些人觉得自己不懂，不敢行动，只能站在岸边看着别人满载而归。

投资要有一个多样化的组合配置，这样做的目的是以最少的风险赚取最大的收益。投资的核心是资产配置，做好资产配置会让投资更加容易。很多人认为自己的财富还没有到需要考虑资产配置的程度，并且认为资产配置是大富翁、大机构的专属领域。其实每一个投资的人都需要具备资产配置的认知，懂得如何根据自己的情况进行配置。

资产配置，是投资者将资金在不同资产类别之间进行合理分配的策略，目的是帮助投资者满足需求的同时，平衡收益和风险。即使只有10万元可用于投资，投资者也需要考虑将这笔钱投到哪里。考虑越早，他今后的资产增值就越有可能踏上稳健的快车道。

二、配置资产前需明确的几个问题

在配置资产之前，我们需要对自己的个人及资产情况、配置的具体目标、可投资的资金情况、个人风险偏好等有清晰的认知，在明确这些问题后，才可以开始我们的资产配置。

1. 了解自己的个人情况

这是理财中最基本的，即使你不做风险投资，也要清楚地了解自己的个人情况。

个人情况包括：

§ 年龄、所在地区

§ 家庭成员和结构

§ 财务状况（工作稳定性、收入水平、去除支出后的现金流入）

2. 明确资产配置的目标

大部分人配置资产的目的很单纯，就是希望变得更富有。这个目标没问题，但问题在于没有详细的规划，看到哪里能赚高收益就往哪里去，这很可能会损失惨重。

比如你去投资企业债券，主要的收入就是债券给你的利息，企业债券的价格不会大幅波动，所以你追求的是稳定的现金流，而不是资产的增值。

相反，你投资混合型债券基金，你的收益会比企业债券高，从而增加你的资产。但风险也相应被放大，所以要先明确你资产配置的目标是什么。

我们做资产配置的时候一定要先看大局，下面这张资产风险表和收益表，方便你明确资产配置目标。

表 3-1　不同资产对比

资产风险等级	预期收益	产品	适用于
1	1%~4%	货币基金、活期存款、储蓄账户	§ 应急 § 随时可以增加投资的资金
2	4%~6%	定息债券、债券基金、人寿或储蓄保险、大型蓝筹或国企股	§ 短、中期投资 § 有定期提款计划 § 收益相对稳定
3	6%~10%	房地产信托基金、信托、国际混合型债券基金、高息股票、新兴市场债券基金	§ 创造更高的被动收入，但要承担价格波动的风险
4	>10%	国际股票券基金、小型民企股票	§ 中、长期投资
5	>15%	大型行业或地区基金、对冲基金、期货合约	§ 追求更高收益 § 资产价格波动大，要及时提盈
6	>20%	小型行业或地区基金、私募基金、比特币、民营企业入股、艺术品	§ 超高收益的投资组合 § 市场流动性有限制，价格难以预测

3. 了解自己能够投资的资金情况

资产配置的核心理念是要先梳理财务情况，后管理你已拥有或将会拥有的资产。如果你连自己有多少投资资产，或资产结构都不清楚，你就不知道应该投资什么资产，也不知道如何调整资产架构去达到你的目标。那么究竟如何计算自己有多少可投资资产呢？大家可以用以下公式：

可投资资产 = 现金 + 定期存款 + 基金 + 股票 + 储蓄保险 + 信托产品 + 债券 + 其他流动资产

需要注意的是，如果资产有合约锁定期或没有办法自由提取，我们暂时不要计算在可投资资产里。有读者会问，为什么不以净资产作为可投资资产的标准呢？答案很简单，因为你用贷款买的房子也是净资产的，你总不能马上卖房子去投资吧。

4. 了解自己对风险的偏好

每个人对风险的偏好不一样，而风险偏好会影响你制定投资目标、考虑投资期限和选择资产的偏向性。大家有空可以测试一下投资基金的风险偏好，再对照图中的结果。

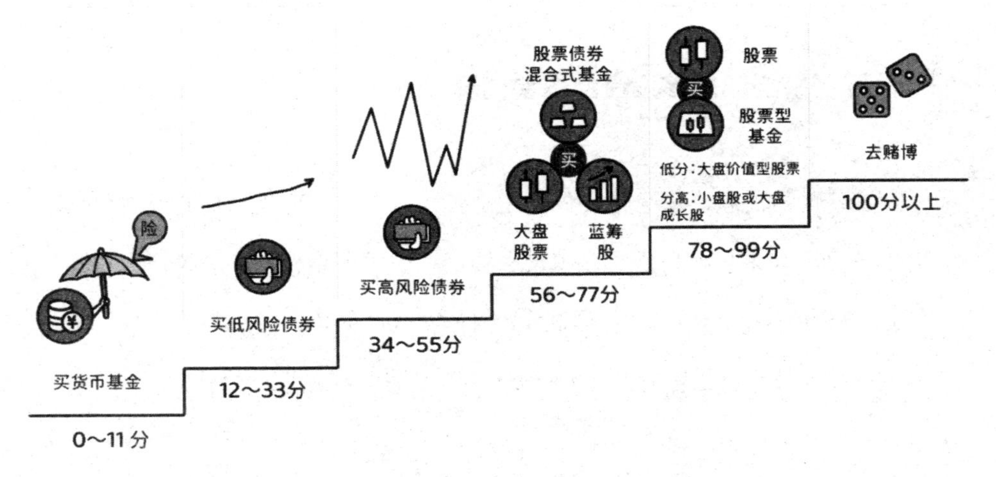

图 3-1　不同分值风险偏好建议图

市面上有很多个人风险偏好的测试，但测试的结果都差不多。我认为每个人的投资风格基本可以分为以下几类。

（1）第一类：绝对保守。

这类投资者对安全有强烈的需求，他们永远会把安全放在第一位，几乎不会遭受损失，但他们选择投资的资产比如货币基金、定期存款、国债等一般回报率不高，除非他们的可投资资产量比较大，否则创造不了多少现金流，而且可能跑输通胀。

（2）第二类：相对保守。

这类投资者比第一类投资者激进点，他们会倾向于避开风险，但并完全拒绝风险。投资的重点多为相对保守的资产，如储蓄型人寿保险、定息债券。同时也会用小部分资金去投资相对安全的股票，比如大型的蓝筹股，和全国前十的股票基金。收益会比第一类的投资者高一点。

（3）第三类：积极投资。

这类投资者会选择攻守兼备的，但稍微偏向进攻的资产。他们在投资产品的选择上非常灵活，并且对新产品的态度也很开放。比起相对保守的投资者，他们能在风险可控的范围内获得更为可观的收益。

这类投资者比较注意现金储备，抓住机会投资有价格优势的资产。另外，他们更愿意征询财富管理专家的建议，以确保他们执行的投资计划没有纰漏。

（4）第四类：冒险投资。

这类投资者喜欢高度活跃的投资方式。他们更有承担风险的意识，倾向于把大部分资金都投资在高风险的领域，争取获得超高收益的机会。但风险也很高，如果总是轻率地做决定，可能会亏得血本无归。

如果你是这类投资者，以下两点你可以让你回归理性。

（1）建议你把60%的资产投资于不动产或固定收益类资产，至于不动产和固定收益类资产的分配比例如何定，就看你的资产量和对现金流的需要了。

（2）定期向投资顾问咨询和复盘投资项目的情况，制定投资退出机制。

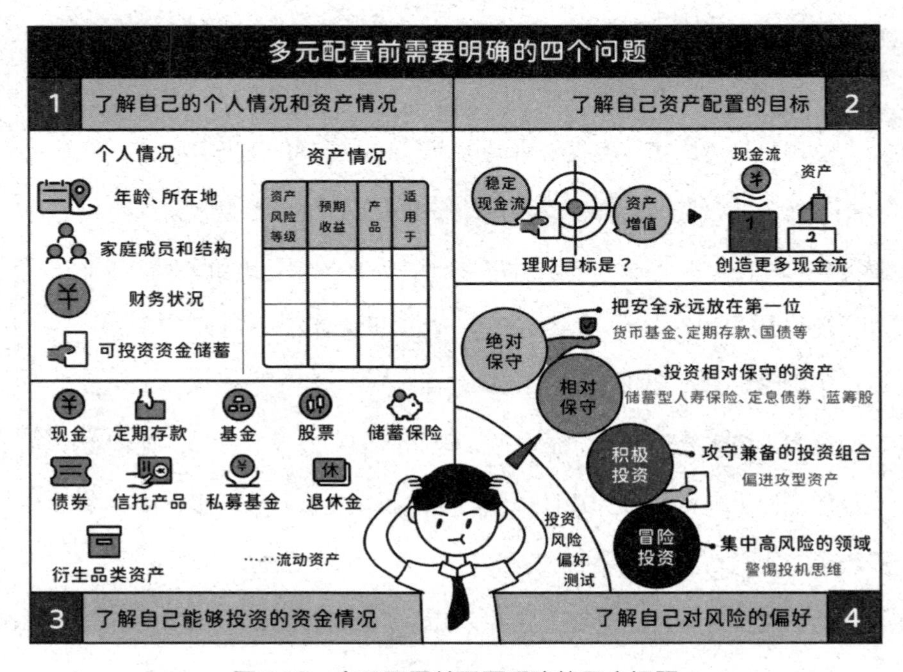

图3-2　多元配置前需要明确的四个问题

三、保持投资资产多样化

很多人以为资产配置就是“鸡蛋不要放在同一个篮子里”，所以各种各样的投资都会买一点。但你是否知道，著名的经济学家凯恩斯也提出过一条投资理念，那就是要把鸡蛋集中放在优质的篮子中，这样才可能使有限的资金产生最大化的收益。

之所以说篮子多并不能化解风险，主要是因为目前许多理财产品都是同类型的。举个例子来说，你投资了股票，又去买了股票基金，一旦股市发生系统风险，你的两个投资都一起损失。所以你该关注的并不是理财产品的名称，而是弄清楚背后投资的资产到底是什么，不要重复投资，这样不仅达不到分散风险的目的，反而还加大了风险。

一个好的投资者，无论市场是涨还是跌，都能够赚到钱，他靠的就是资产的合理配置和提前布局。对于看好的资产和市场，我们买看涨的投资，对于看跌的资产和市场，我们买看跌的投资。这样无论市场上涨还是下跌，我们都能获取收益。一个重要的原则是：不懂不买。无论是投资、事业还是人生，都是守住下限、再搏上限，确保不可接受性事件（毁灭性风险）的概率为 0。

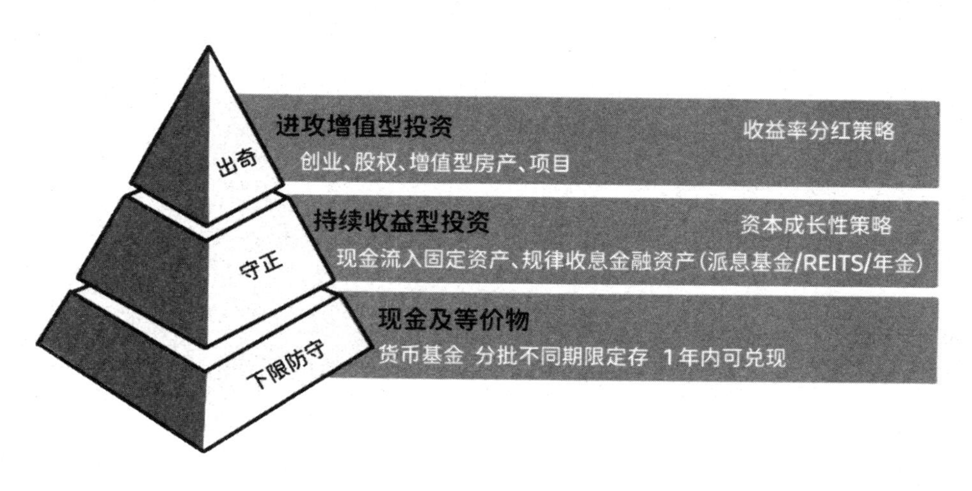

图 3-3　守正出奇

小练习

结合自己的风险偏好，来判断适合你投资的资产类别。

第 2 节

低息环境下，怎样配置流动资金？

> 好的时候不要看得太好，坏的时候不要看得太坏。最重要的是要有远见，杀鸡取卵的方式是短视的行为。
>
> ——李嘉诚

请你带着以下三个问题阅读本节：

1. 安全流动性资产包括哪几种类型？
2. 银行存款与货币基金有什么区别？
3. 购买流动性高的产品需注意哪些问题？

我想问你几个问题，投资有风险，不投资是不是代表没有风险？持有现金是不是最安全，肯定不会亏呢？

很多人认为投资与自己无关，其实这是错误的想法，哪怕什么都不做，只是拿着现金不动也是有风险的，因为现金也是一种资产，它面对的风险就是通货膨胀带来的现金贬值，购买力下降。

持有现金还需要考虑的一点就是机会成本。如果不懂利用钱生钱，在人生的路上你会错过许多资产增值的机会。懂得用钱生钱和不懂钱生钱的人，他们日后的财富差距会越来越大。现金本身产生不了很大的价值，因此，你必须配置其他相对安全的资产，让现金彻底地“活”起来，为你创造源源不绝的价值。

这一节就来讲解资产配置的防守下限：安全流动性资产，具体包括银行存款与货币基金、短债基金和短期现金管理类产品。

一、银行存款与货币基金

1. 银行存款

流动资产就是短期持有、比较安全、随时可以使用的资产，主要分为两类：银行存款和货币基金。下面和大家分享一些了解到的市场信息：

银行存款100元起存，某银行2023年7月的定期银行存款利率（单利）为：

§ 3个月 1.25%

§ 6个月 1.45%

§12个月 1.65%

§24个月 2.05%

§36个月 2.45%

§60个月 2.50%

有很多方法可以提高你的银行存款利息，其中一种方法是“分阶梯储蓄”。假设手上有50万元现金，你可以把现金平均分为5份，分别存为1年期、2年期、3年期、4年期、5年期的定期存款。1年期的10万元到期后，再存为5年期。如此推算，5年后持有的存款全部为5年期，只是到期的年限不同，依次相差1年。

这种方式使现金储蓄到期金额保持等量平衡，既能应对储蓄利率随时调整，又可赚更长期限存款的较高利息。这种储蓄方式适合生活开支有规律的家庭，能系统地管理存在银行的现金。

2. 货币基金

什么是货币基金呢？大家可能都买过余额宝，余额宝就是货币基金。最常见的货币基金就是余额宝和零钱通。

截至2023年6月13日，支付宝旗下的余额宝对接的货币基金中，有超20只产品7日年化收益率低于2%。虽然收益不高，但也是低风险，可以作为激活闲置现金的方法之一。

在这里告诉大家一个小知识：凡是你看到“7日年化”这样的表达，就是货币基金。7日年化收益的意思是货币基金最近7日的平均预期年化收益水平，银行间的利率随行就市，每天都有波动的。

3. 银行存款与货币基金的区别

银行存款和货币基金的区别不大。相对来说更适合小白的，还是银行存款，因为银行存款是最安全的。为什么呢？

（1）银行存款的利率往往是固定的，而货币基金的收益率有波动。

货币基金最大的投向就是银行协议存款，就像银行每天公布的拆借利率一样，它会随行就市波动。所以它的风险会稍微比银行存款高一些，大家配置的时候要有心理准备。

（2）货币基金不能实时赎回，流动性没那么高。例如支付宝上，一天只能实时到账 1 万元。不同的机构对于提现次数和额度的要求也不同。

（3）每家银行有 50 万元的存款保险保障。就算银行破产，你的存款也可以拿回 50 万元。

货币基金和存款，比较适合作为活期资金、短期资金或一时难以确定用途的临时资金。大部分流动性资产的收益率在 3%~4% 之间。如果想要提高收益，那就只能牺牲流动性。比如从活期类理财转向定期类理财。

二、货币基金的替代品：短债基金

当利息越来越低的时候怎么办呢？难道所有的钱只能存在银行吗？其实也不见得，有一个流动资产的投资选择给大家参考：短期纯债型基金。

短期纯债型基金，主要投资于流动性较强的短期货币市场工具及剩余期限在 1~3 年内的债券，中短债基金过去一年的平均收益率为 4% 左右。短债基金的起点低，通常是 100 元起，甚至更低只要 10 元起，还有专业债券经理专门帮你操作。债基的管理费也有些许的差别，但是基本上都在 1% 左右。

大家投资短债基金时要多留意基金里的债券评级。债券资产评级越高，违约的风险越低，按时返还利息的概率就越高。评级一般不会在公众的平台发布，大家可以从每只基金的年度报告里找数据。

债券信用评级 AAA 为最高级别，代表偿还债务的能力极强，违约风险极低。

建议大家选择短债基金时参考以下几点：

（1）信用评级最好 75% 以上都是 AAA 级别的债券；

（2）不投资股票、权证等权益类资产，也不投资可转换债券、可交换债券；

（3）短债基金赎回期各不相同，但大多不设限额且不会超过 T+2，最好选每天开放申购赎回的，流动性好、灵活。

三、门槛不高但流动性高：短期现金管理类产品

目前市面上有一些短期现金管理类产品，主要是投向“标准化固定收益类金融工具”。这些金融工具包括国债、银行及其他金融机构发行的债券、中央银行票据、企业债券、公司债券、可转债、可交换债等，以及监管机

构允许的其他固定收益类产品。其中像企业债券、公司债券、可转债和可交换债等的主体评级不低于AA，债券剩余期限（含权债券按回售期计算）超过397天的债券不高于产品总资产价值的50%。

这些产品的流动性非常高，可以每个股市交易日或每周，每两周进行购买或赎回。每天赎回的产品年化收益率约3.02%，每周赎回的年化收益约为3.27%，而每双周的年化收益约为3.53%。从风险的角度来评估，这些产品属于R2等级，基本上与余额宝风险等级相同而且收益还比余额宝高！

购买这些产品的门槛并不高，30万元就可以配置这些资产，但销售机构需要跟你核实两个主要信息：

（1）个人信息，包括姓名、证件号码、过去3年的年均收入超过50万元；

（2）两年以上的投资经验。购买者可提供银行理财、公募、私募、炒股、保险（只限投连险）的交易记录截图，不限金额，交易记录距今满两年。

上面这部分流动资产可以定义为紧急储备金。它最重要的原则就是“流动性”，在这里我提醒大家千万要学会辨别“流动性”和“市场性”，这是普通人最常混为一谈的误区。有人说自己的理财顾问推销理财产品，说随时都可以赎回。但是投了10万元，只能卖2万元。这样的资产，只有市场性，也就是在市场上可以买卖，但不算有流动性，因为价值打了折。

真正的流动资产一定符合这两点：在市场随时可以出售；价格波动极小。这就是不应该把这部分资金用于投资股票或者中期债券基金的原因。

对我们的资产配置来说，流动性是决定性因素。再有价值的资产，只要没有流动性，在关键时候发挥不了任何作用，就像面对敌人的时候，你的手枪里虽然有子弹，但是子弹卡在弹夹里射不出来。

也许这个年龄段的你已经成为一个有一些财富积累的中产人士，甚至在别人的眼中已经是成功人士了，因此更要合理配置资产，保证资产的流动性。

小练习

请好好梳理一下自己的资产结构，计算一下流动资产是否足够？如果固定资产的比例过高，而流动资产的比例过低，那就按照本篇的思路开始调整吧！

第3节

穷富不由现金多少决定，而由现金流决定

> 重要的不是你的判断是错还是对，而是在你正确的时候要最大限度地发挥出你的力量来。
>
> ——索罗斯

请你带着以下三个问题阅读本节：

1. 为什么我们需要稳定的现金流？
2. 怎样合理选择各类基金？
3. 怎样利用投资杠铃策略减少风险？

我想给大家分享一个真实的故事，故事的主人公是我一位朋友的老板。2018年的时候他是当地首富，人脉广，也很有野心，所以不断寻找风口，投资新的行业。他打算并购几家公司，因此耗费了大量的初始启动资金。当年国家调整产业结构，银行收紧了贷款，他的现金流马上断了。而他所进行的并购，交不上后面的钱，前面的投入也回不来了，半年内，他连银行贷款的利息都还不起了，每个月还需要几个亿的开支。2019年底，这位老板自杀了，他选择离开这个世界。

这是一个非常沉痛，但又在40多岁的人群中真实上演的悲剧。原因就是这个阶段的人通常产业非常大，进来的钱多，出去的钱更多。如果没有稳定的现金流，他们就会像前文这位老板一样，面临无钱可花的窘境。下面就和我一起来探究怎样获得稳定的现金流吧！

一、你需要稳定的现金流

从上面的案例中不难发现，你需要现金，但是也绝不能保留太多现金，原因上一篇讲过：现金是会贬值的。所以我一直不认同现金为王这个词，我认同的是现金流为王：固定流入的金钱具有强大的力量。

我看到过一个很生动的例子：巴西的伦索伊斯沙漠每年降水量达到1600毫米却寸草不生，就是因为它每6个月才下一次雨。但如果根据季节规律性地降水，即使每次只降几十毫米，也很可能会收成大好。

同样的道理，对普通人来说最重要的是稳定的现金流：两个人的年收入都是50万元，A每月有固定的收入4万元，B有时一个月能赚10多万元，有时一分钱都赚不到。虽然两个人的年收入都是50万元，但收入的质量和可预测性是完全不同的。

只有维持稳定的现金流入，生活才会变得富足。能定期入账的钱就像源源不断地落在庄稼地里的雨水，能够使你的人生各项计划和支出变得容易掌握。

二、合理选择基金，发挥“钱生钱”的力量

在投资的时候不要只看收益率，要注意什么资产可以带来现金流——“钱生钱”的力量。

我们夫妻过去几年都在专注建立一个每月派息的投资组合，这个投资组合每个月或每个季度都会给我们提供现金。不算房租或其他资产的现金收入，我们现在每个月能有超过3万多港元的被动收入，一年什么都不做就有36万港元，真的是“躺赢”。

在2022年，我们帮亲戚整理了一下他的投资组合，想看一下收益怎么样。我的亲戚当时投了3.8万美金，最近12个月总派息接近2700美金，年化利率超过了7.2%。

这样的年化收益率妥妥地打败了市场！但是，高收益的债券派息基金不可能只是投资纯债券的，纯债券收益很少超过4%。派息基金一般会投资亚洲或全球的：

（1）投资级别的政府债券；

（2）投资级别的企业债券；

（3）大企业的高收益债券；

（4）可换股债券；

（5）投资优质的股权资产。

1. 怎样选择派息基金？

选择派息基金要注意以下几点：

（1）资产组合：投资组合要避免价格大幅波动。派息基金投资级别越高的债券，基金的风险越低，但基金的回报率也越低。

（2）行业分布：资产要分布在更多有稳定现金流的企业。基金如果投资于现金流比较稳定的健康护理、能源、房地产、媒体、资讯科技、基本消费及通信服务等行业，这些行业的加权平均分布占了基金资产的大部分，那么现金流的持续性就有很高的保证。

（3）债券信贷评级：在可换债中，超过 50% 都是投资级别以上的。投资级别越高，代表违约风险越低。另外在高收益债券中，大部分债券虽然不是投资级别，但发行者都是大型企业。这些足够分散的行业，和行业里出色的顶级公司可以令投资者放心。

（4）派息方式：优质的派息基金应该是从每个月的净收益直接派息给客户，而不是把基金股本卖了再付给投资者。

投资最重要的是落袋为安的回报，只有能产生现金流的资产，才是真正的资产。

2. 怎样选择 REITs 基金？

REITs 的中文全名是房地产投资信托基金，集中投资于房地产项目，比如大型商场购物中心、酒店、办公室、物流中心、停车场项目，它的收入主要是租金，也包括物业升值的收益，有别于上市公司的股票。

REITs基金最大的特性是会把大部分税后盈利以股息分配给基金持有人。基本上市的REITs必须把最少90%的税后净收入的股息向投资者派发，有些还限制资产借贷比例不能高于35%。所以，资产负债结构很稳定，不会发生负债过高的情况。而且收入来源以租金为主，比一般房地产开发商销售物业的收入更稳定，波动性低，业务风险低，现金流入稳定，股东可以定期收到稳定的现金派息。

选择优质的REITs，要研究其旗下资产的质量，估计负债水平，了解管理层计划和未来增长潜力等，需要很强的专业实力。我们在北美的投资中，有两项是REITs：

表3-2 我们在北美的投资布局

投资资产类别	行业	投资时间	派息时间	派息率	投资回报率
天然资源基建	天然资源	2020年	季度	9.8%	10%+
加拿大石油管道基建	天然资源	2019年	季度	4.5%	30%+
房地产信托基金	商业地产	2020年	季度	6.8%	21%+
房地产信托基金	多用途	2021年	月度	5.7%	4%+
私募基金项目	新能源	2016年	--	--	600%+

这里讲一个我们比较喜欢的案例：Brandywine REITs（已成功退出）。

Brandywine主要投资美国费城、华盛顿、德州的商业大厦和科技园项目。公司在美国拥有超过95个物业。当初投资的时候，年派息率接近8%，每一个季度派息一次。后来股价已经涨了15%，所以派息率只近6%。剑铨投资过这家公司3次，赚了几十万美元。

我先生周剑铨投资REITs是因为作为投资者每3个月就会知道公司营运的情况。大家要注意的就是每只REITs所持有的房产物业可能不同，需要分析的也不一样。我在这里简单说一下当年决定投资Brandywine的原因，希望能启发到大家：

（1）租客的质量：公司要拥有财务实力雄厚的租客，比如公司的租客里有IBM等大公司，就算市场低迷的时候，这些大客户仍然能持续交租，不会影响房地产信托的收入。

（2）项目规划：Brandywine在未来两年有两个新的项目分别在德州（科技园）和费城（自然科学园），两个项目已提前锁定一些租客。这意味着信托的未来收入会增加，派息的金额也会增加，未来的股价也会上升。

（3）公司管理层的能力：要知道管理层做得好不好，应该看公司过去10年的派息情况，这样能看到管理层有没有不断为投资者创造价值。

（4）派息稳健：Brandywine从2011年起每年派息都是稳中增长。如果按4.5%而不是6.8%的派息回报率来算，其实公司的正常股价应该是每股17.3美元，但当时只是每股11.5美元，所以我们预计有50%以上的增长机会。

（5）负债状况：Brandywine的总债务是股权比率的1.08倍，在业内不算高。如果你看到一些公司的比率超过2倍，就要留意。

以上的例子都是海外的REITs，国内许多REITs以投资大型基建为主，而非商场、写字楼等长期收租地产，风险和收益与海外REITs不同。

3. 善用投资杠铃策略

把你的投资集中在两个极端：高风险和低风险的资产中。不要去买那些中间风险、中间收益的资产。

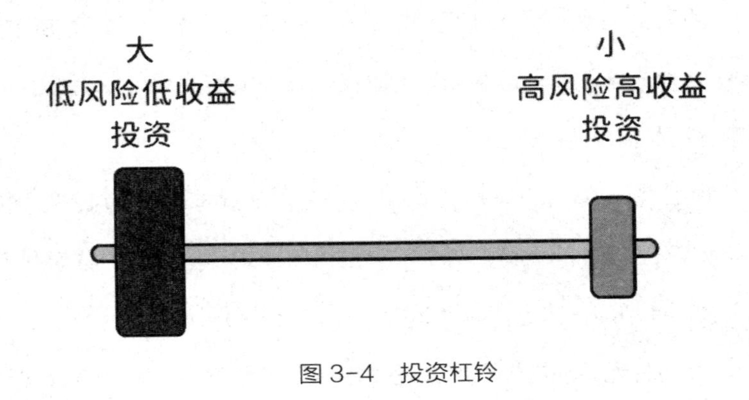

图 3-4 投资杠铃

善于投资的人 90% 的资产全部放在极端安全的资产中，哪怕是 4%、5% 的收益率他们就很满足了，重点是不能有风险。而剩余 10% 的资产，他们会放在高风险的投资项目上，一旦成功了收益可以翻倍，甚至十倍百倍，比如期权期货、风险投资或者新兴的高科技股票等等。因为他们的本金足够大，所以即使只拿出 10% 来投资，收益也很大。而可能的损失又不大，哪怕 10% 全部都没有了，其他 90% 的资产也不会受到任何影响。

有些人则反其道而行之，他们买了一些中风险、中收益的产品，付出了沉痛代价。

在充满风险的投资世界中，我们坚守 90% 的安定，勇敢尝试 10% 的未知，是非常好的投资策略。如果你已经有 90% 的资产都放在比较稳健的投资项目中，那么，其他 10% 完全可以尝试高风险、高收益的投资。

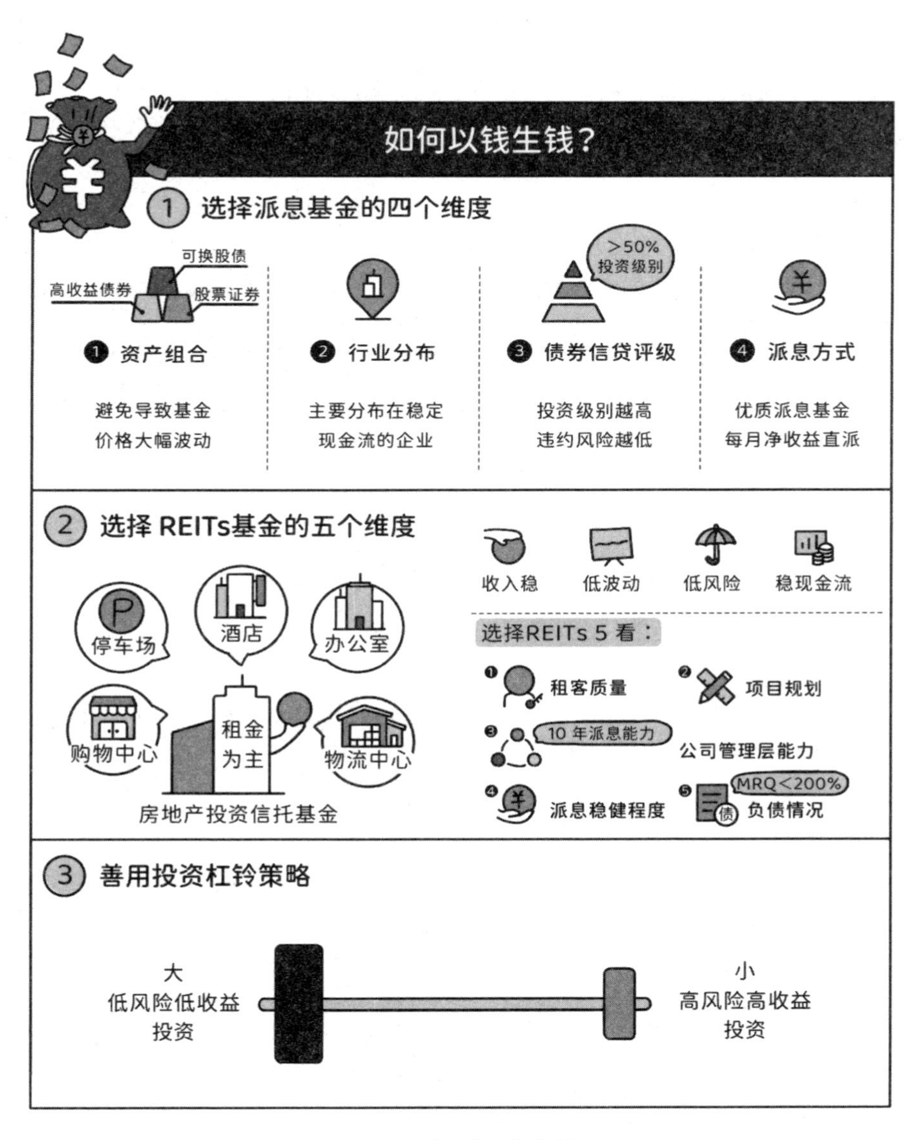

图 3-5　如何以钱生钱

现金流就是生命线，如果没有现金流支撑，那么资产将变得毫无意义。如果你还没有打造稳定的现金流，请按照本节内容合理地选择基金，配置稳健的“钱生钱”的派息资产，为自己赢得源源不断的资金流入吧！

你所在的投资市场有什么类型的派息资产呢？请试着寻找和挑选1~3类派息资产，为你的投资组合增加几笔被动的现金流入吧！

第 4 节

如何选择稳健的收益型资产

> 股市通常是不可信赖的，因而，如果在华尔街地区你曾跟别人赶时髦，那么，你的股票经营注定是十分惨淡的。
>
> ——索罗斯

请你带着以下三个问题阅读本节：

1. 为什么要慎重购买个股？
2. 怎样区分并购买各类债券？
3. 基金投资的三大原则是什么？

大部分第一次投资的人都会先接触到股票，虽然股票交易方便并且投资门槛低，但股价的波幅很大，容易受到市场环境影响。如果在 40 多岁的时候因为错误的投资决定导致资产清零，那么对自己的后半生将是严重的打击。所以应该谨慎对待自己辛苦工作近 20 年积累下的宝贵财富，准确选择收益型资产。

一、慎重购买个股

我们不太建议大家买个股，除非是龙头股。主要有以下几个原因：

第一，大部分人买股票自以为是投资，其实是在投机。大部分炒股的人缺乏足够的知识和技能，而且投入了过多资金，超出了自己承担亏损的能力范围。

第二，靠炒股致富，相当于大海捞针。在股市热的时候，一天账面价值就涨了几百万，但是过几个月又全部亏回去的人不在少数。

这些年我们见过购买个股，并且从中获益的只有一类人，就是行内人，准备长期持有自己企业或者自己行业内的某个龙头股票。他们非常了解这家企业以及企业所在的行业，对企业内部运营状况、财务状况和未来趋势的了解远远高于市场，甚至高过很多研究股票的专家。

所以，慎买个股，因为谁也不知道未来怎样。如果一定要买，我给你一个建议：单个股票不要超过你投资在股市总金额的1/3，并且分3次入场，而且不要全部压上，至少保留20%的资金作为“子弹”。

二、可参考的固定投资：债券

债券包括两类：国债和其他债券。

（1）国债是国家财政部发行的人民币债券，大多是通过银行销售，期限一般为3年期、5年期。2023年5月5日，中国刚发行过一次国债，3年期产品票面年利率为2.34%，5年期产品票面年利率为2.52%。国债的流动性不高，买了国债必须持有3年或5年才能赎回。

（2）其他债券有公司债、企业债、金融机构发行的债券等。投资这类型的债券需要投资者对发行人偿还能力、营运情况、资产的风险评级和管理的能力有深入地了解，需要花很多时间去研究，但获得的信息量仍然是有限的。

如果想要参与债券的交易，要到交易所开一个债券账户，像炒股一样。债券最低的交易额度是1000元。但是，大多数人都不会选择去交易所开户来买卖债券。原因如下：

（1）除了国债，其他债券交易都要缴纳20%的所得税；

（2）债券品种单一，不是所有债券种类都开放；

（3）个人投资者不一定有资格买。有些债券在发行时，要求购买的人必须是“合格投资者”，金融资产要在300万元以上。

三、收益性资产的“重头戏”：基金投资

《投资的常识》这本书里有句话：找到像巴菲特这样的基金经理如大海捞针，对于普通人来讲，投资收费低的基金是非常合适的投资方式。我们在这本书里针对经济不好、市场波动较大的情况，给出投资的三个大原则：

（1）分散投资；

（2）资产指数化；

（3）压低交易费用，勿频繁交易。

为什么要选择基金投资呢？基金投资有以下几个优势：

（1）买股票就要承担风险，包括公司营运、业务受市场的影响等。基金能分散风险，因为好的基金持有不同的资产，资产之间的相关性比较低，比持有一种资产风险低。

（2）某类基金拥有跨越经济周期的能力，而且持续营运。比如指数基金。

（3）优质基金的投资组合已经经过基金公司的研究团队的挑选和分析，它们获得的信息比我们普通的投资者获得的更及时。投资者给基金管理费是为了省心。

四、手把手教你买对基金

截至 2023 年 3 月，中国有 1303 只封闭式基金、2026 只股票基金、4690 只混合基金、372 只货币市场基金、2094 只债券基金、233 只 QDII 基金和 1828 只指数基金。

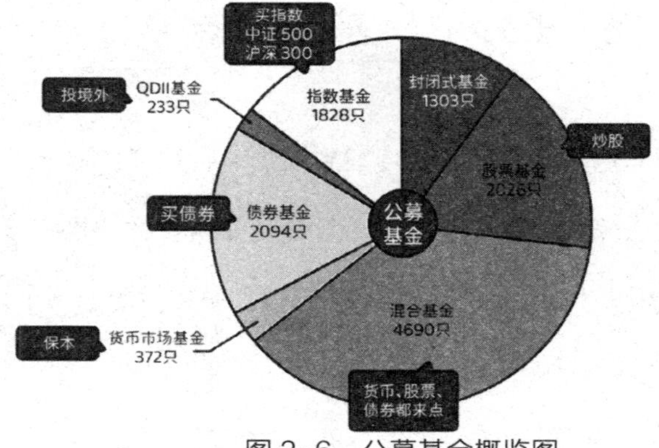

图 3-6　公募基金概览图

市场上有那么多基金，大家该如何投资呢？现在我会教大家如何买对基金。

首先，基金对比一定要找同类的基金，不要用股票基金来对比债券基金。其次，大家可按照市场上一般使用的各项基金指标来分析基金。

剑铨根据多年的投资经验、跟不同基金经理的沟通和阅读的投资书籍，整理总结了基金各项指标的含义及标准，供大家参考。

表 3-3　不同基金指标的含义及标准

基金指标	含义	标准
基金规模	规模越大越好	>10 亿元人民币
年化回报率（3 年以上）	平均回报率超过同类基金回报率越高越好	>0%
标准差	基金的波幅度越低越好	接近 0%
夏普比率	衡量基金是否能用越小的波幅来创造更高的收益	>1
跟踪误差	跟大盘表现的误差	接近 0%
晨星评级	对比同类基金的表现	3 星评级以上 (3 年、5 年)
债券评级	违约风险	要更高投资级别
阿尔法系数（%）	超过市场的收益	>0%
贝塔系数	表现基金对于大盘的波动情况（比如：贝塔系数为 1.1，市场上涨 10%时，基金上涨 11%）	被动型基金 =1 主动型基金 <1
R 平方	基金表现很大盘的相惯性；R 平方越高，阿尔法系数和贝塔系数的参考性准确	被动型基金 =1 主动型基金 <1
P/E（市盈率）	基金里的公司预计盈利增长速度	对比历史水平
ROE	基金里的公司整体盈利能力	超过 10%
获金牛奖次数	基金在行业里的评价	>1 次

最后，我们按不同的基金种类，为大家总结如何灵活使用指标来分析不同类型的基金。

表 3-4　如何灵活使用指标分析基金

分析指标	指数基金	股票基金	债券基金
基金规模		★	★
年化回报率（3年以上）	★	★	★
标准差	★	★	★
夏普比率		★	★
跟踪误差	★		
晨星评级		★	★
债券评级			★
阿尔法系数（%）		★	★
贝塔系数		★	★
R 平方		★	★
P/E（市盈率）	★		
ROE	★		

大家可以按照我们的原则和技术指导来分析自己想投资的基金。

1. 债券基金

前文提到人们通常都不会选择去交易所开户来买卖债券，但是你可以通过债券基金来投资债券。市场上把债券基金分为三大类别：

（1）纯债基金：基金 100% 投资于债券。波动小，收益比较稳定，但收益会很低。

（2）普通债券基金或混合债券基金：基金 80% 投资于债券，剩下的 20% 可能会投资股票。这类基金的波动性和收益比纯债基金高，风险也大于纯债基金。

（3）可转债基金：基金投资企业发行的可转债，按一定的条件转换成该公司的股票。股票市场好的时候，这类基金的收益较高。但我不太建议新手去投资这类型的基金，因为投资者需要对可转债发行企业的财务和业务情况非常了解。

大家要按照自己的实际情况来决定。挑选的时候参考上面的指标就可以。债券的评级如果是投资级别以上，安全性相对最高。

为什么建议大家买债券基金呢？

首先，债基的起点低，通常是100元起，甚至更低的只要10元起，还有专业的债券经理专门帮你操作。

其次，债基的管理费基本上都在1%左右。

最后，债券基金风险相对较低，整体比较安全。

2. 指数基金

前面讲过，如果是作为投资新手，建议大家直接投资指数，跟着大盘走。所有的投资领域专家，包括近几年特别火的李笑来老师都反复强调指数化投资的重要性。投资指数基金有两个好处：

（1）指数基金能跨越经济周期而不会倒闭，你持有指数基金2~3年一般都会赚钱；

（2）定投指数基金能让你强制性储蓄并拥有保持资产增值的可能性。

投资指数基金最好的策略是什么？我们建议定投，在前面的篇章讲过一些定投策略供大家参考。

3. 股票基金

我们在选择股票基金前，一定要货比三家，可以找投资策略、行业方向还有资产配置接近的基金来比较。除了同类基金的比较外，我们还要注意以下几个关键的数据：

（1）基金规模和历史收益率；

（2）基金的业绩在同类基金的排名是否在前 1/3；

（3）夏普比率：比率越高，基金收益风险的性价比越高，越值得投资。

举个例子， 有两只股票基金，它们投资股票的比例均超过 90%，且超过 2/3 投在制造业，两只基金的投资风格都专注于大盘和成长型股票，这两只基金的可比性就很高。

表 3-5　不同基金对比示例表

	基金 A	基金 B
投资风格	晨星股票投资风格箱 大盘 中盘　风格：成长型 小盘　规模：大盘 价值型　平衡型　成长型	晨星股票投资风格箱 大盘 中盘　风格：成长型 小盘　规模：大盘 价值型　平衡型　成长型
资产分布	占净资产（%） 现金　2.87 股票　94.90 债券　2.69 其他　-0.46	占净资产（%） 现金　5.60 股票　94.96 债券　0.05 其他　-0.61

（续前表）

	行业分布		行业分布	
	代码行业	占净资产（%）	代码行业	占净资产（%）
行业分布	A 农、林、牧、渔业	–	A 农、林、牧、渔业	–
	B 采矿业	–	B 采矿业	–
	C 制造业	76.17	C 制造业	64.14
	D 电力、热力、燃气及水生产和供应业	–	D 电力、热力、燃气及水生产和供应业	–
	E 建筑业	–	E 建筑业	–
	F 批发和零售业	–	F 批发和零售业	–
	G 交通运输、仓储和邮政业	9.48	G 交通运输、仓储和邮政业	–
	H 住宿和餐饮业	–	H 住宿和餐饮业	–
	I 信息传输、软件和信息技术服务业	1.14	I 信息传输、软件和信息技术服务业	6.57
	J 金融业	–	J 金融业	12.39
	K 房地产业	0.26	K 房地产业	–
	L 租赁和商务服务业	–	L 租赁和商务服务业	2.03
	M 科学研究和技术服务业	2.12	M 科学研究和技术服务业	2.21
	N 水利、环境和公共设施管理业	–	N 水利、环境和公共设施管理业	–
	O 居民服务、修理和其他服务业	–	O 居民服务、修理和其他服务业	–
	P 教育	–	P 教育	0.62
	Q 卫生和社会工作	5.73	Q 卫生和社会工作	4.04
	R 文化、体育和娱乐业	–	R 文化、体育和娱乐业	2.96
	S 综合	–	S 综合	–

基金A的规模有191亿元人民币，有7年的营运历史，近3年的回报率为43.92%，夏普比率为1.01，在531只同类基金里排名第10；基金B的规模有24亿元人民币，也有7年的营运历史，但基金经理换了9次，近3年的回报率为46.79%，夏普比率为0.92，在3175只同类基金里排名第280。结论：虽然看上去基金B的近3年回报率稍微高一些，但基金A在基金规模、收益风险的性价比上都优于基金B。

4. 指数轮动

之前很多平台推出了智能投顾，简单来说就是机器人买基金。它们会列出几种基金组合，其中有一类基金我觉得比较有趣，想向大家介绍一下，叫指数轮动。

它适合对投资收益率要求不高的投资者。基金会按照最优的投资策略，自动买入卖出代表A股大盘的沪深300ETF联接A、代表A股中小盘的中证500指数基金和稳健的货币基金。基金的设计是涨了就会卖，跌了再买入，所以它们不会暴涨，也不会暴跌。交易方程式已经设计好获利点和止损点，所以投资者不要担心崩盘时来不及调整投资组合。另外，智能投顾的基金没有可以分析的技术，要靠你自已判断机器人的投资策略是否正确。

如果你想成为更聪明的基金投资者，请注意以下几个方面：

（1）快速掌握投资基金的知识；

（2）参加专业和可靠的投资信息交流圈；

（3）利用基金或行业资讯，结合投资技术做分析；

（4）分散投资风险；

（5）借专业人士的力做专业的事；

（6）不断进行基金投资实操。

对于大部分普通人来说，只要你养成定投的习惯，定时分批买进优质的基金，把基金的价格平均化，一般过了两三年再取出，你都会获得盈利。

小练习

请整理你买过的基金，或挑选你想买的基金，做一张基金定投表格来按时记录和跟踪自己的投资情况。

第5节

投资海外房产要知道的事

> 承担风险，无可指责，但同时记住千万不能孤注一掷。
>
> ——索罗斯

请你带着以下三个问题阅读本节：

1. 为什么说普通人也可以投资海外房产？
2. 投资海外房产的三个指导性思维是什么？
3. 哪些因素决定了海外房地产是否值得投资？

为什么有些人喜欢投资海外房产呢？我认为是想分散投资风险、觉得海外房产便宜或者有移民需求。这些都很合理，但因为信息差的存在，“踩坑”的概率也同时增加。

我有一位朋友曾经参加了一个东南亚房地产的讲座，被销售人员忽悠去一个旅游点，投资一套小房子，专门出租给旅客，说回报率在10%以上。因为价格不高，大概六七十万元，所以他就全款付钱买下，结果在旅游淡季的时候，一个月只能租出几天，真的是亏本。他决定卖房套现，发现当地房子的成交量很低，找不到买家。现在他那六七十万元还牢牢地套在房子里。

其实类似的事情经常发生。我在过去几年考察或研究过不同国家的房地产，美国、澳大利亚、越南、英国、泰国、日本等，投资回报率都还不错。本节将给大家详细介绍如何在海外投资房产。

一、投资海外房产的三个指导性思维

1. 稳定租金回报优先于房价增幅

我会选择租金回报率相对高的国家去投资，这代表当地房产市场趋向成熟，能付得起高租金的居民收入水平应该不错。比如，我们投资英国伯明翰房子的租金率挺高，扣除出租物业管理费后每年有近 6% 的回报。

我们也投资了泰国的房地产，有学员跟着我们投资泰国芭堤雅和普吉岛的稀缺性全海景公寓。2020 年初，有一位学员买了一套 33 平方米的全海景公寓，连带基本家具 50 万元左右，到年底就涨了 9%，每年租金回报率在 7% 左右。我们对当地的开发商非常了解，所以在指导学员选择资产时有一手的信息，让学员避开烂尾楼的潜在风险，找到租金回报率不错、总房价不高，最重要的是非常稀缺的海景房。

我们认为泰国将会是东南亚房地产下一个爆发地。首先，房价在疫情后有所调整，现在的价格比较合理。其次，总体生活成本比国内和西方国家低，生活质量会上升一个台阶。另外，如果你更看重孩子的教育，泰国的国际学校费用是国内的1/3,可以作为孩子出国读大学的一个跳板。

2. 贷款优先于全款——适当借用杠杆的力量

在房产投资上，很少有人会懂得系统化去评估有升值潜力的房产。

金钱有时间价值和机会成本。我认识一些人没慎重考虑就全款买下房子,过了好几年没办法出租,也没有买家接手,等于大笔金钱套在了房子上。如果只是付了首付，剩下的钱用私人或银行贷款，你省出来的本金可以投资于比贷款利率更高的理财产品上，这样既买了房子又赚了利息差，一箭双雕!

3. 选择核心地点

大部分人买海外房地产都是通过中介的安排，基本上交易的时候才需要飞到当地办手续，有些甚至人都不用去，直接线上交易就可以。如果不自己飞过去考察房产项目，就有可能因为信息差而做错决定。

我们有一位朋友几年前投资房子，开发商突然破产，项目烂尾，真是倒霉。要降低这样的风险，就要选择大城市的核心地段。

比如，我们在英国买房子，就选择英国第二大城市伯明翰。房子位于市中心，毗邻医院、大学和城市广场，交通便利，出租非常容易。剑铨在电脑上用谷歌地图就能看清楚周围的环境和配套设施，也了解到附近房价和租金的情况，所以我们并不会因为自己没去英国看房而感到焦虑。而且当年已有不少科创类公司迁移到这个城市，吸引越来越多的年轻人移居当地就业。另外，政府也有计划在未来建一条高铁直抵伦敦，相信交通配套的优化可以带动经济活动和房价上涨。

当年我们投资伯明翰时，房价才不到13万英镑，但现在已经近17万英镑，增值超过31%，再加上每年的租金，这个投资在成熟的房产市场来说相当不错。

二、海外房地产值不值得投资，需额外考虑的因素

1. 可能影响收入的政策

（1）汇率：海外房产的收益还要算上汇率的变动。比如，我们当初买英国房子的时候正值英国脱欧，英镑兑港币汇率偏低，所以我的购买成本比预期更低。现在英镑汇率上调，如果我把房子卖了，我还多赚了外汇的差价。

（2）税务：我们曾经考虑过投资美国房产，租金收益有5%~6%，但美国房产的持有成本很高，加上不同的税项后，回报率变得很低，就不那么吸引人了。大部分人投资海外房地产都没把税务搞清楚，等到成交或每年报税的时候才发现是个坑。提醒大家一定要问清楚你的顾问，如果他也不清楚，请你找个更专业的顾问。

（3）外汇政策：我特意提到这个点是因为剑铨曾亲自飞去越南实地考

察过几个楼盘，慎重研究后没有投资。首先，越南货币在世界上是不太流通的，而且越南对外汇的管控极其严格。在金融危机的时候，货币大幅贬值，导致外来投资者损失惨重。另外买越南房产需要全款，而且钱汇出国时需要政府部门审批。除非你有很多钱，否则我不建议大家去一些有外汇管制的国家投资房地产。

2. 千万要小心避开的风险

目前我了解的海外购房可能的风险有以下几点：

（1）小心小众偏僻的地方。

2018 到 2019 年，有不少地产中介推荐客户到柬埔寨西港买房，说西港是柬埔寨第二大城市，是柬埔寨唯一的经济特区和免税港。受到各方面营销的影响，海外很多资金流入当地房产市场，导致房价短时间内赶超首都金边近 1~2 倍，这是一个明显的泡沫。是因为炒房的风气浓厚加上缺乏监管，有很多不良开发商为了节约时间和金钱成本，不惜节省工序和材料，造成建筑质量非常低，出现过高楼坍塌事件，甚至多幢高楼被检查出结构问题。

另外，20 世纪柬埔寨大量土地和房产被私人占为己有，土地归属和权利不明。外国人买地需要通过本地人代持，买房只能购买二层以上的房屋。在这种情况下，产权的法律风险非常高，具有很多的未知性与危险性。

我们曾经认识一位同行，在朋友圈极力推荐西港的房子，也转介了不少亲戚朋友购买，最后不是楼盘烂尾就是陷入产权纠纷。

（2）商用房。

购买写字楼、商铺等商用房时，购买者一般会使用银行贷款，但首付起码是购买金额的50%，而且贷款年期会比住宅短。在香港地区买写字楼要付40%~50%的首付，贷款年期最多20年。所以对于投资来说，购买海外商用房不仅前期投入资金多，每年供款也因为贷款年限短而增加。

（3）高持有成本。

大部分人投资房产都只会考虑租金多少、每月房贷多少，还有交易中的相关税项，但其实还有其他费用。比如，买公寓会有年度公共设施维护费或保安费等，这些费用都会直接降低投资回报，甚至导致负回报。

我们以在美国买一套二层带花园的洋房为例。假如你购买的价格大概是44万美金，你每年要准备4400美元到1.76万美金做维护费用（房价的1%~4%）。另外，在美国持有房产需要同时缴纳省级和县级的房产税。比如，美国加州省要业主缴纳相当于房产价值1%的税，美国加州省里的县的平均税率是0.7%。

假设你的房贷利率平均在3%左右，再加上维护费和房产税，你的持有成本已经5.7%~8.7%了。如果你年租金率不超过6%，你的投资回报其实接近0%，赚钱纯粹靠房产价格增值。

（4）爆雷开发商。

大多数的地产开发商都不是上市公司，所以它们的现金流和负债情况不是很透明。如果你投资海外房产，更需要与当地的经纪人了解开发商的实力和在当地的声誉，还有过往是否有烂尾楼的历史。

投资海外房产可以很大程度改变你的资产结构，让资产变得更加多样化，但是失误的投资也会恶化你的资产情况。所以一定要慎重投资海外房产，坚持正确的投资思维，充分考虑各种因素，只有这样才能实现资产的有效增值！

列出几个你感兴趣的国家，深入调查和研究当地的房地产市场。如果你有出国旅行的计划，可以去实地考察几个楼盘，验证你的分析是否准确。告诉你一个小秘密，我们每到一个地方旅行或出差时，都会顺便了解一下当地的房地产市场。

第 6 节

不做接盘侠：你一定不要犯的投资错误

> 你必须严格控制那些非理性的情绪，你需要镇定、自律，对损失与不幸淡然处之，同样也不能被狂喜冲昏头脑。
>
> ——查理·芒格

请你带着以下三个问题阅读本节：

1. 为什么说投资不要盲从，多思考赚钱的逻辑？
2. 为什么要拒绝“纸面”富贵，及时止盈再投资？
3. 为什么说投资理财要沉住气，管理好情绪？

我一直都记得一个经济学家的亲身经历。他 20 世纪 90 年代在日本证券公司做交易员，有两个特别厉害的同事专门做加大杠杆的大宗商品期货。他们分析历史数据和判断价格走势非常准确，所以每次都大赚。

但是有一天当他们下了重注的时候，日本某个地方地震了，突发地震直接影响了整个大宗市场的走势，所以他们预测的下跌趋势完全逆转了！价格直接因为地震导致供应短缺而暴涨！他们加了很多倍杠杆，应该是输了几个亿甚至几十个亿的体量。这两个交易员坐在座位上铁青着脸一声不吭，然后突然站起来，同时跑到办公室外面的走廊。所有人都没来得及反应的时候，他们跑到了走廊尽头的窗户，从窗口一跃而下，当场摔死了。这出惨剧震撼了那位作者，影响了他此后的人生观和投资观。

人总是会用过去来推断未来。你买某一只基金的时候，是不是它的材料上都会写着“过去几年的收益率百分之多少”？然后你就自然地认为过去几年赚了50%，那现在买下来也一定会涨幅不错，但是却没想到因为市场基本面的变化、行业格局的发展，你以为会继续涨的资产结果反而跌了。

过去和未来几乎是不相关的，因为市场是瞬息万变、无法预测的。永远不要以为自己在投资市场待得够久、够有经验，每次做的决定就都是对的。因为未来无法预测，所以一定不要犯这几个投资错误：

一、不要盲从，多思考赚钱的逻辑

财富是你认知的变现，如果你对要投资的项目不够了解，就不要盲从，不要贪婪，不要着急。

在我看来最可怕的投资失误，就是看到别人赚钱，自己像盲目的羊群一样跟着做。就算你一两次侥幸赚到了钱，最终也会因为认知而亏掉。

2015年“股灾”之前，股市非常疯狂上涨的那段时间，很多人都无心工作，专心炒股。我没有控制住自己，因为羡慕别人赚钱，也贸然冲了进去。当时身边有朋友一天账户就上涨了200万港币！我旁边的同事早上一上班就玩涡轮，十分钟赚10万港币。在这种疯狂的气氛下，一个人很难用自己的理智先分析判断再去投资，往往是看着别人买哪个涨了，就跟着冲进去一起买。结果别人是1块钱进去，我是5块钱进去，涨到7块时遇到了“股灾”，三天跌回1块多。别人进得早退得也早，而我就完完全全是高位被套的，过了很多年，只能忍痛止损，损失了我100多万港币，几年的血汗钱！

永远不要羡慕别人赚钱这个表面的结果，背后的原因、背景、逻辑才是真正重要的。在面对一个非常诱人的投资项目时，先问自己几个最基本的问题：

第一，是什么人卖给我产品？这个人有信誉吗？

第二，他拿我的钱干什么去了？有人监督资金的使用吗？他靠什么赚钱？

第三，我买到了什么？我赚了多少钱？我赚钱有保证吗？

第四，投资收益率合理吗？

第五，我一旦不想要这个产品了，能卖出去吗？

第六，如果产品卖不出去，我能留着自己用吗？

在考察任何一个投资项目时，都应当问自己这六个问题，如果某一个问题的答案是否定的，就要慎之又慎；如果有两个问题的答案是否定的，就一定不能进行投资。当然，为了准确回答上述问题，要进行一些调查研究，收集一些资料，作为决策的依据。

二、拒绝“纸面”富贵，及时止盈再投资

没有人能够预测市场，你唯一知道的是市场会波动。但是一个好的资产和市场，长期一定是向上的。定投的习惯，和理性、稳定、不受他人影响，也不眼红他人赚快钱，就能够有拿得住优质资产的定力，这是最重要的长期主义素质。要记得：分批进、及时走，长期主义不等于长期持有！

资产的账面升值，不代表我们的实际收入。别沉迷于“纸面”富贵，该止盈时就止盈，要让钱转动起来。什么时候买很重要，抓住机会卖更重要。

很多时候，提取盈利是有窗口期的。要做到不贪心，不比较，不回头看。几年前我买了一个公司的股票，300多元成本买进的，不久之后跌到了250元。我没有惊慌，因为我不是投机，所以继续放着，和时间做朋友。后来等了一年多，涨到了400多元，达到了我心里的盈利预期，我就果断地提取盈利，去做了其他投资。不久它继续涨到五六百元，很多人开始后悔卖早了，但是我内心很淡定，因为我赚足了我预期中的钱，并让这笔钱流动去了其他地方，所以我没有什么遗憾的。

后来这个公司的股票又跌回了450元，我之前卖掉的价钱。如果你一直拿着，或者追涨杀跌，可能不仅亏了钱，还浪费了宝贵的时间和精力。

如果你投资的是金融产品，要注意及时止盈，也就是达到合理的收益之后，要提取盈利。一位学员2022年下半年和我们学习基金定投，在实现了40%的盈利之后，觉得达到自己的心理预期，就提取了盈利，去投资了其他的基金。2023年上半年，那只赚到40%的基金回落了，而他新投资的基金收益30%。如果死守着原来那只，不及时提取盈利再投资，就会错失

机会。

你要知道何时持有，何时卖掉，何时走开，何时快跑，千万不要在玩牌的时候数钱，等游戏结束有的是时间。你只需要比别人反应快一点，理解力强一点，执行力强一点，就足够了。

三、管理情绪，沉住气

拿破仑曾说："能控制好情绪的人，比能拿得下一座城池的将军更伟大。"管理不好自己情绪的人，也肯定管理不好财富。金钱是从内心狂躁的人手中流入内心宁静的人手里的。

如果你是一个情绪管理能力很差，没有良好的投资习惯的人，我建议不要去乱投资。要先从投资波幅低和回报比较确定的资产入手，比如年金、增额的储蓄保险、指数基金和派息混合型基金等。千万不要一开始就去买股票和对冲基金。

我见过很多情绪管理能力很差的人，买基金后每天都在看手机，看今天的基金价格涨了或者跌了多少，亏损得越多，就越纠结，而越跌越慌，最后忍不住就卖出去，自认倒霉了。

投资就像坐飞机，重要的不是飞得多高多远，而是能平稳着陆。这就需要你控制好自己的情绪。

不贪、不急、不迷、不比，对市场、对人性都有敬畏之心。走正确的路，赚踏实的钱，只要确认自己的方向和选择是对的，相信你自己，这样才能守住自己认知范围内的财富，做财富的朋友!

复盘是成功之母，而失败不是。检讨一下你曾犯过的投资错误，记录自己犯错的原因，在接下来的投资中尽全力避免吧!

第 7 节

主业谋生存，副业求发展，从副业里找到未来价值点

> 很多人认为他们不擅长赚钱，其实是他们不知道如何使用它。
>
> ——弗兰克·克拉克

请你带着以下三个问题阅读本节：

1. 为什么要从消费者变成销售者？
2. 做生意的两种思维是什么？
3. 怎样利用“乘法”增加副业收入？

我年轻的时候，总觉得收入应该是一直上涨的。只要努力，上好学校，找好工作，升职加薪，明天永远会更好。你呢？我想问问你，你认为自己的收入在未来几十年里会一直上涨吗？

我第一次听到否定的回答，是我 26 岁时初到香港做投资银行顾问，当时自己跃升到年薪百万，觉得将来肯定芝麻开花节节高！没想到一个同事却告诉我，要珍惜现在的高收入，因为未来很可能会失去。他微笑着说，他见证了香港经济的起飞，在 20 世纪八九十年代，只要肯努力，做什么都

可能成功。但逐渐地，很多行业衰落了，很多赢家消失了。时代在不断变化，没有人能一直赚钱，总有一天会被淘汰。

开始我不相信，觉得太悲观。后来我认识了剑铨，看到了这个活生生的例子。在全球金融危机下，他一瞬间从高峰坠落低谷，从高盛银行家变成失业人士。再后来我们一起经历了很多起起伏伏，不少身边朋友失去了年薪百万的工作后，只能做二三十万元的工作了。

我一直在思考，到底怎么样才能不怕变化，收入一直上涨呢？这一节我多分享一些副业赚钱的思维。

一、不要做消费者，要做销售者

我有一位学员特别困扰，她创业没有起色，于是不停地去付费学习。一年花了十几万元，学市场、学成交、学人脉、学自媒体，越学越茫然，越学越觉得自己一无是处。

我和她说："想赚钱，不要去买，而要去卖。不要想你自己想要什么，要想你能给别人什么。"当你自己的需求越少，满足别人的需求越多，你的财富就会越多。反之，如果你自己的需求很多，却不能满足别人的需求，你的钱会越来越少，会流向那些能满足你需求的人。

其实，做销售者的盈利来源有很多：

第一，销售产品、课程和服务，可以销售你自己的，也可以销售别人的。

第二，提供咨询和指导，一对一的服务是最贵的。

第三，收中介费，比如券商的交易佣金、房产中介收的佣金。

第四，收订阅费和会员费，比如你有自己的读书会、会员社群。

第五，收广告费，除了自媒体可以做广告，还有人找过我让我发朋友圈，一条朋友圈文案给我多少钱。

有一个很好的工具，能帮助大家去思考，就是特别简单的“3C”：

第一个 C 是 Company，意思是从大处着眼，把自己想成一家公司。想想如果你是一家公司，你的核心能力、拳头产品、发展策略、主要市场是什么？

第二个 C 是 Competitor，就是你的竞争对手是什么样子。他们过去怎么样，他们的生意做得好不好，他们的利润如何，他们的生意模式是怎样的，他们最强的地方在哪儿。

第三个 C 是 Customer，就是你的客户是谁。谁来买你的服务、产品，他们是哪些人（性别、年龄），他们的心理、购买习惯、购买力是怎样的，他们未来的变化是怎样的。

如果你觉得自己不是专家，有两个方向你能参考：

（1）个人经验和技巧：例如怎么置办房产、整理家居，甚至是一些小众的爱好，只要其他人需要而你比他们更懂一些，你就能分享和指导别人。

（2）研究和总结的成果：一个人并不是非得做了某些职业，才能被视为专家。你可以选择并研究人们认为有价值的专业，继而进行分享。

图 3-7 副业赚钱，多渠道收入

二、要做资金流动快的生意

因为资金停止流动就不产生效益，所以要做资金流动快的生意，不要囤货，要一手钱一手货，严格控制广告费。现在分享两个简单的思维：

1. 尝试把你的一份时间卖出多次

无论你做任何工作，都可以看看有没有机会“一对多”？我最喜欢的高效率工作方式是直播，我一个人讲两个小时，直播间里可以同时有几千人听，重要的直播还可以设置回放，结束了也有源源不断的观众。

我们花了一个月时间写了一本书，现在已经卖出了 3 万多本，还不断有新的读者买了书来联络我们。我们卖课，一次卖很多份，也可以重复再卖。哪怕你做出一个简单的课程，都可以同时卖给很多人。我们几年前出过几百元的录播财富课，挂在平台上时不时有人买课，听完之后也会来报名更贵的课程。

我除了努力创造“一人对多人”的机会，还有一个工作习惯是“一鱼多吃”，比如直播以后，我会抽时间把直播的内容要点写成文章、拍成视频，并没有付出很多额外的工作量，却创造了更多机会，被更多人看到。

2. 用钱购买别人的时间，来节省自己的时间

我们在创业第二年，客户超过 100 个之后，就开始请全职秘书协助客

户维护和售后服务，每年要付出20万~30万港币的工资和福利成本，但依然是值得的。为什么要请秘书？因为你可以购买别人的时间来帮你处理烦琐耗时、简单重复的工作。

我们遇到过很多学员写文章和拍视频坚持不下来，因为他们觉得排版的时间比创作的时间还长。很简单的解决方式，就是你花几十块钱请人帮你排版。这样你节省的时间可以创作更多的价值。

曾经有一个品牌方请我们做一条视频号广告，我们的收费是10000元，但实际上我们只花了半小时写文案和拍摄，素材准备好之后花了200块钱请别人剪辑。因为如果我们真的要靠自己去剪辑，可能要花费很久，而且还不一定让广告方满意。

小练习1

写下你有生以来最成功的三件事，看看这些成功能否帮助别人获得类似的成功，即使只是小事。

小练习2

把过去一个月的时间安排列出来，看看你的时间是怎么分配的：你花了多少时间去读书，花了多少时间去睡觉，花了多少时间去做家务，花了多少时间去做某项工作。看看哪些工作是可以外包出去的？把可以外包的工作让给有优势的人去做，腾出来的时间用来学习和做一些有价值的事情。

三、降低你主动收入的占比，用“乘法”增加副业收入

我有个朋友，在外企做高管，年收入百万美金。2022 年银行裁员，他被裁了。唯一的收入来源没有了，又没有其他“水流”可以补上，他被逼到把刚装修好的房子卖了，带着老婆孩子回了加拿大。他临走之前，我问他就没有其他办法了吗？他说他家的水彻底断流了，因为工作太忙，而且金融机构不允许参与投资，所以他什么其他投资都没做，只买了一套自住房，现在他没有任何其他收入来源了。

我另一个同事级别不高，也被裁了，但他很开心地全世界去旅游了。他那套房子拜托我帮他找了租客，一个月租金可以入账 3 万元。他说之前入股过朋友的餐厅，每个月分红刚好够生活费，还买了一些基金和定期分红，用来交他的保险费。几个不用工作也能赚钱的渠道，安排得明明白白。

我看到过一句话：如果你想做副业，就考虑战略性副业。战略性副业指的是对你主业优势的延伸或者衍生，能放大你原有的价值，做乘法而不是做加法。否则你就不会体现出杠杆的作用，你依然是在出卖你的时间精力。就像下班之后去开出租车、去送外卖，不会积累资产，只是在出售时间，这是一种消耗型的赚钱。甚至可能因为太累失去了健康，反而变成了减法。创业和做副业，不做消耗性的加减法，只做放大价值的“乘法”。

1. 延伸：把你的价值卖给更多的市场和客户

我在投资银行的时候特别佩服一个同行，他极其低调且聪明。投资银

行做的项目至少要上亿美金，太小的项目大公司是不做的，因为不值当。他低调地跟朋友合伙开了一家公司，专做这些投行看不上的小项目。我之前跟他详细聊了一次，才知道其中的利润率有多高，他只是推荐一下，就可以从中获得100万港币以上的收益。在其他同事只赚工资时，他默默用在公司工作获得的眼界和项目资源，赚了一套价值3000万港币的房子。

这就是如何赚钱的典型的延伸。如果你的工作是服务大客户，那么你的信息和技能可以延伸到你的副业，也就是中小客户上。你基本上没有花任何额外的时间，但是却扩展了你的客户范围和收入。

2. 衍生：把你现有产品之外的更多产品，提供给现有客户群

我最初的主业是保险，但因为我的客户非常信任我的金融领域专业知识，所以他们关于投资的问题也都会来问我。我们现在所开设的全球投资俱乐部和一对一财务诊断咨询服务，就是把我们除了保险外的更多专业资讯提供给客户。

我们最重要的原则是守住基本盘：知道自己的核心能力圈，知道自己的可为不可为。你不能因为看到别人做这个很轻松和亮丽，并且还赚到了不少钱，你就跟着去做。创业之前，我有考虑过做私人银行，这也是很多人对我的建议，但当我深入了解后发现，银行会要求你列出有多少个身家过亿的潜在客户名单，并且还要列出在一年以内，你能让多少人在你这里放几千万美元的现金。我扪心自问，我也许能找到几个身价上亿的大客户，但是要付出极大的努力。而做保险，我周围所有的人都需要，我也都可以

满足。我为什么不守住积累这么久又信任我的人，非要去寻找超级富豪呢？

送大家一句话：一只鸟站在枝头，它掉不下来，并不是因为这根树枝牢固，而是它有翅膀。一个人的潜力，只取决于他的信念。如果连你都不相信自己有价值，不相信自己拥有的信息和专业知识有价值，那就没人能帮得了你。做一个相信自己的价值，也尊重别人价值的人，你的人生之路会越走越顺利，你的商业合作之路也会处处双赢。

小练习

你的本职工作能不能延伸出副业的机会呢？和身边的朋友头脑风暴一下，列出 3~5 个创业和做副业的想法，看看能不能迈出第一步？

第8节

给孩子存再多钱，不如教他怎样管钱

授人以鱼，不如授人以渔。

——《老子》

请你带着以下三个问题阅读本节：

1. 为什么要从小培养孩子的财商？
2. 培养孩子的财商分为哪几个阶段？
3. 怎样教导孩子开始投资？

最近看到一个真实的例子：一对做小生意的夫妻倾其所有把女儿送到英国去读书，但是在女儿读完本科还想继续读研究生的时候，父亲确诊癌症，之前的生意也走下坡路连续亏损，导致家里的钱除了填补生意亏损还要支付父亲的治病费用。母亲也要暂放工作去照顾父亲，不能再支付女儿留学英国的高昂学费了。女儿因为在学校都和富二代同学一起玩，已经习惯了高消费的奢华生活，平时对理财完全没有概念，留学只好中断。

智商也许靠的是天分，但是财商和品格绝对靠后天的培养教育。父母要从小教导孩子明白金钱的价值，能够独立地管理金钱和承担责任，千万不要轻易给孩子很多钱，让他只养成了消费的习惯，而没有储蓄和投资的思维。

财商是认识和管理财富的能力，一定要从小开始学习，包括人生的品格和责任教育。我们夫妻作为英国认可的注册儿童财商导师，在这篇文章中分享一些孩子在不同年龄阶段应该受到重视的财商教育。父母一定要看，在身体力行的这个年纪，教会孩子建立正确的财商，来保护孩子的未来发展和家庭的财富。

一、孩子 3~7 岁的财商思维：正确的消费观

在孩子幼小的阶段，先要教孩子认识钱的来源和用途，知道钱不是从 ATM 机或手机里自动出来的，而是爸爸妈妈工作赚来的。我女儿 1 岁多的时候就会模仿我挎着手提包去上班，也会经常和我们一起到公司，知道爸爸妈妈很认真工作才能创造财富。

父母要教会孩子看价格和对比，在买东西的时候学会看价格，学会比较哪些东西贵，哪些东西便宜，自己已经拥有的东西就不要再重复买了。我的女儿 4 岁多，要买小玩具会先拿起来看价格，会说："哇，这个好贵！"然后回去挑一个便宜的。我也会告诉她说："你不能全都要，要有所取舍。"

要让孩子知道拥有的所有东西不是理所应当的，财富不是天上掉下来的，金钱是爸爸妈妈工作赚来的，不能随便乱花。

二、孩子 7~11 岁的财商思维：正确的储蓄观

在小学阶段，孩子已经开始有逻辑思考的能力，这个阶段要让孩子学会合理支配和储蓄自己的零花钱。零花钱是让孩子认识金钱、认识社会、培养责任心的第一步。父母要定时定额发放，维持一个稳定的周期，才可以让孩子形成规律的管理金钱的思维和习惯。

要告诉孩子，存下来的钱才是你的钱。要学会量入为出，做好分配和预算，而不是拿到后全花掉。对自己想要的东西要自己买，不要问父母。如果想买更好更贵的东西，必须把零用钱的一部分储蓄起来。

一个可以参考的零用钱分配法是“721 分配法”：70% 基本消费、20% 储蓄、10% 分享或捐献。分享是关爱他人，比如母亲节给妈妈买束花，或者同学过生日的时候送一张生日卡片等等。捐献可以鼓励孩子雪中送炭，培养同理心，帮助其他有需要的人。

三、孩子 11~15 岁的财商思维：正确的财务计划

对于已经踏入青春期的孩子，父母要和他们聊未来的人生规划，培养他们为自己设立目标和管理金钱的能力，成就未来的人生。在这个阶段，让孩子学会记账，管好自己每个月的生活费，建立自己的理财储蓄目标，规划出时间表。也可以带孩子开一个银行账户，把结余下来的钱存到银行里，让他开始有储蓄的习惯。在这里用一个例子来分享 SMART 聪明储蓄法：

12 岁的小妹妹想买一个价值 500 元的儿童电子手表，但父母不想轻易满足，就跟她一起讨论通过 SMART 的储蓄计划来实现目标，同时也帮她建立理性消费、规划目标、养成储蓄的好习惯。

Specific——目标明确——买一个电子手表。

Measurable——目标可衡量——500 元价格。

Achievable——目标合理有可行性——通过储蓄可达到。

Realistic——目标实际，不是空想——每月存 100 元。

Time-related ——目标有时间限制——存 5 个月就能实现。

财商教育还有一点很重要，是了解家庭的实际经济状况。建议家长和孩子说实话，把孩子当作大人一样，一起来讨论家庭重要的财富问题和重大决策，包括孩子未来的升学，都开诚布公地讲。当父母将家庭经济情况分享给孩子后，要让孩子来发问，这也是教导理财方法的好机会，是现实生活中最真实的理财样本。特别是如果家庭面临一些经济困难和压力，更要让孩子及时知道，甚至请他们来做家庭小管家，和父母一起参与家庭理财，记录收入和支出，帮助家庭做预算，召开家庭财务会议。我十几岁的时候很羡慕那些不用辛苦参加高考、父母已经安排好出国留学的同学。我也和妈妈讲过，当时我的父母很开诚布公地告诉我家里没有那个经济条件，其实和孩子说实话是好的。

我后来上大学有一个去香港短期交流的大学项目，我选上了，也特别想去，因为我 12 岁就喜欢周星驰了，香港是我做梦都想去的地方。但收费不便宜，每个人要交5000块钱，在2005年算很贵了，所以我跟爸妈说时很犹豫。我的父母商量后说支持我去，但是我自己最终决定不去了，找老师把报名取消了。虽然当时很难过，但我告诉自己：家里赚钱不容易，我总有一天会不花爸妈的钱，自己去遍这个世界最好的地方。后来我也真的实现了自己的梦想，现在在香港成家立业了，我很自豪。虽然现在我能给我的女儿提供更好的条件，但我也希望她拥有不靠家庭、自己奋斗的正确财富观念。

四、孩子16岁以上的财商思维：开始投资

孩子16岁以后，我们要开始在好的消费储蓄习惯的基础上，来给孩子教导一些投资的思维了。

我们可以从风险比较低的简单的投资开始，手把手地带着孩子来制定自己的投资计划。最简单的就是银行定期存款，还有基本的保险和基金。

要告诉孩子保险的意义是为了保障我们的生命和财富，对突如其来的意外做好准备。意外随时可能发生，比如突发疾病、天灾人祸、交通意外都是风险，会让我们受到很大的损失，所以必须事先做好准备，这样万一坏的事情发生，我们也能减少损失。

还要告诉孩子储蓄和投资的分别是什么。储蓄的优点是很稳定，缺点是利息比较低。而投资可能会获得更高的收益，但同时也伴随着风险。在这里可以教孩子认识到风险和回报的关系，学会在回报和风险之间取舍和

平衡。

对孩子财商教育的目的最终是希望孩子形成“除了金钱更要有心”的正确人生态度。要学会知足和珍惜，也要学会慷慨地分享，最终你得到的会比付出的更多。我们每次参加公益活动，都会带着我们的女儿一起，就是为了让她学会珍惜和感恩，因为还有很多比我们困难的人，要懂珍惜、学会分享。

图 3-8　儿童的正确财商思维

教孩子学会管理财富，规划人生，比父母直接给钱更重要，也能让孩子受益终生。希望你们的孩子都能够财品兼备，活出丰盛的人生！

小练习

如果你有孩子，请运用“721”分配法和SMART法则，教他在生活中练习管理金钱吧。

第四章

“让自己体面养老，让财产代代相传”

第1节

到底存多少钱才够养老

> 宜未雨而绸缪，毋临渴而掘井。
>
> ——《朱子家训》

请你带着以下三个问题阅读本节：

1. 迈向老年的路上的两类风险是什么？
2. 怎样正确配置自己的资产架构？
3. 如何在老年保持财富增长？

根据联合国世界人口数据库显示，1990年至2019年，全球65岁及以上老年人口比例从6%升至9%，并于2005年跨越了7%的分界线，宣告世界整体进入了老龄化社会。未来这一速度还将加快。按预测，到2050年老龄化比例将升至16%，届时全球将拥有超过15亿老龄化人口。决定老龄化程度的主要有两个因素：预期寿命和出生率水平。预期寿命越高，意味着老年人口总量不断增长；出生率水平越低，意味着人口基数日渐萎缩。

我国从1990年至2019年，全国人口平均期望寿命从68.55岁增至77.3岁，增幅为8.75岁。而在2022年，国家卫生健康委员会透露，中国人均预期寿命将会再度增长到78.2岁；人口出生率却首次下降。数据显示我国的人口出生率从 1980 年中期的高峰期后一直下降。在 2019 年，出生率还在 10%，但 2022 年公布的数字为 6.77%，再创历史新低。

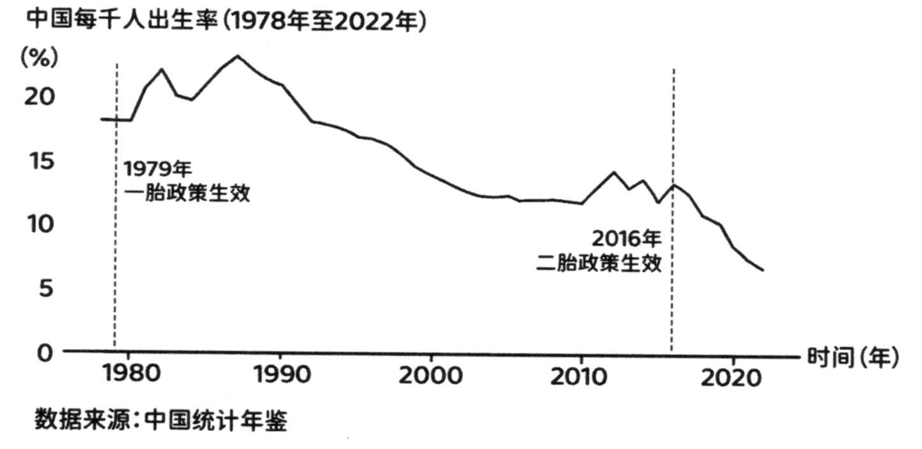

图 4-1　中国出生率统计

老年人人口比重越来越大的现在，你为自己的退休、养老生活做好准备了吗？

一、老年的两类风险及应对措施

随着医疗和物质水平不断提升，在迈向老年的路上也会遇到两类风险：

1. 过度长寿

2014年，日本电视台拍摄了一部名为《老后破产：所谓“长寿”的噩梦》的纪录片，深刻揭示了步入老龄后，部分日本老人晚景凄凉的生活。节目通过对老年人群的广泛采访，发现不但退休储蓄低的老人很容易陷入入不敷出的困境，就连拥有大额存款、有房子的富裕人群也因疾病、投资失利，过度长寿等原因，存在“老年破产”的风险。借鉴日本老龄化社会的问题，不管你生活在哪个国家，在你有能力赚钱时就应着手做好金融资产的配置，这样退休后才可以用自己的资产收入来弥补晚年生活的支出缺口。

究竟有什么方法可以在退休后守住你的底线收入呢？其中一个方法就是配置“年金”。

我们有一位55岁的男客户，目标是在10年后每月获得1000美金（人民币7200元）的稳定收入。按照客户的意愿希望能提取收入到110岁，投资了22万美金相约于159万元人民币（分5年，年缴4.4万美金）。在65岁时，客户会获得2万美金（13.8万元）的保证奖金，后续除了拿到每年保证的1.2万美金（每月1000美金）的收入外，另外还有额外近4800美金的分红，到了110岁年金计划结束时，客户总共获得77.3万美元（556万元人民币），获得的收入是投入资本的3.5倍以上。

这种年金的配置非常符合客户对稳健和入息的需要，由于收入保证的成分比较高，所以稳稳守住入息的底线。

2. 身体机能老化

随着年龄增长，身体机能、精神状态也大不如前，如果突发疾病，潜在高昂的医疗费，有多少家庭能从容面对？除了突发意外，患病的概率也会不断提高。比如癌症、心血管疾病等问题。如果不幸出现上述的疾病，后续的康复治疗就会成为家里的碎钞机。

这种风险如何转移呢？很简单，你要学会利用保险的杠杆作用和保障功能，提前做好医疗保障来增加抵御疾病和意外风险的能力，减轻整个家庭经济和精神上的负担。如果你目前身体特别硬朗，不愁预算，建议你配置重疾险和医疗险。

早日投保，否则可没有后悔药吃。如果医疗险和重疾险配置不了，该怎么办？我们建议用以下两种保障来转移风险：

（1）防癌险

癌症的重疾理赔概率在 70% 左右，并长年位居榜首。癌症的治疗费用很高，从几十万元到上百万元，所以通过防癌险可将相当一部分医疗费用转嫁给保险公司。

适合人群：买过重疾病险，并希望提高癌症保障；家族里有癌症史的人；超过 50 岁，投保重疾险门槛较高的人；低收入人群。

（2）意外险

意外风险对每个年龄段的人来说都不可忽视。意外险对于年龄、健康状况等要求较低，因此一般人群都可以购买。在购买意外险时，上年纪的人最好能涵盖意外医疗、伤残责任，万一遇到因意外导致的医疗费用，可以按比例报销，所以请细心研究具体产品的合同条款。如果你是给父母配置意外险，保障范围也最好包含意外骨折金、救护车费用、住院津贴、关节脱位、公共交通工具和场所意外保障等。

如果你还是不清楚怎么选产品，请及时寻求专业人士的帮助。

二、切勿错配资产架构

投资是一时的决定，但资产管理是一辈子的功课。很多懂点投资的人会犯“过度自信”的毛病，总认为过去的投资方法可以不断复制，但是他们都忘了年纪越大，越亏不起，更应该减低进取型的投资，转向风险更低和收益率合理化的资产。

关于资产配置，随年龄调整，有一种常见的方法：

参考值为 100- 年龄 = 配置收益率和风险较高的资产比例

上述的方法就是说，假设你是 45 岁，你的资产组合里偏高风险和高收益的资产不应该超过你总资产价值的 55%。

另外，我们认为上述 45% 的资产不一定只能配置固定收益类资产，比如债券或债券基金。有些股权类资产比如基建、电信、公共事业股票，它们的表现也非常接近固定收益类资产，而你只要一直持有，就可以稳定创造每月、每季度或每半年的现金收入。

如果你按照这一方法来配置资产，你的晚年生活就会过得轻松自在。

三、如何在老年保持金钱的增长和现金的流入？

1. 资产规模需要超过 25 倍的预期年度开支

分享一个 4% 法则，4% 代表我们在投入一笔投资后，想从中取出源源不绝的现金流，却不会让本金归零的比例。

如果你预计退休后的每年支出是 20 万元，那么你要为退休准备的投资组合就是 20 万元 ÷4%=500 万元。这就是你要为自己准备的最低资金，如果想提前退休，就可以努力准备 30 倍甚至更多的资产组合。

我们可以根据自己退休所需的资产规模，来设定退休目标。当然 4% 只是一个大概的收益率，我们也要综合考虑未来的通货膨胀，和正常生活支出以外的突发开支等，重要的是有这个数字观念在脑海中，提醒自己要储蓄充足、合理投资。

2. 保留投资本金，不要过度提取投资收益，把饼做大

如果你有副业收入或被动收入可以用来帮助你的生活，你就只需要提取少部分投资收益，保证你的资产这张饼越来越大。

如果你已经在靠你的投资组合生活，那么，尽量减少提取次数和提取

数额，只需要提取你在一段时间内需要的钱即可，将剩余的资金继续投资于市场。你投资的时间越长，复利持续的时间也越长，你的初始投资也会变得越来越多。

记住：永远别碰本金，坚持每年提取的收益小于本金回报，这样你就有越来越厚实的退休准备金，可以靠投资组合的增长来生活啦！

我们都知道，巴菲特绝大部分的财富都是 50 岁之后挣来的。所以，不要害怕面对即将到来的退休生活，要保持身体健康、保持理智，合理搭建自己的资产架构，在退休后也能获得稳定的现金流入和财富增长，让自己拥有幸福平稳的老年生活！

先估算你未来退休预期的生活支出，记得考虑通货膨胀，再按照 4% 法则来计算所需要的资产本金，看看需要多少资产，才够你退休呢？

第 2 节

实现家庭资产传承的 5 个工具

> 我那时还不了解人性多么矛盾，我不知道真挚中含有多少做作，高尚中蕴藏着多少卑鄙，或者，即使在邪恶里也找得到美德。
>
> ——毛姆

请你带着以下三个问题阅读本节：

1. 为什么要进行家庭财富传承和遗产规划？
2. 家庭财富传承的主要工具有哪些？
3. 为什么保险是非常重要的传承工具？

我曾经在学习法律课程的时候听了一个真实的案例：王律师的办公室，来了一对白发苍苍、老泪纵横的老夫妻。他们用毕生心血培养出的优秀独生女儿，刚结婚两年，事业正处于上升期，却不幸在一次外派出差的重大车祸中，车毁人亡。女儿结婚前，老两口掏空家底，花了 1200 万元给女儿买了一套房子，作为婚前财产，保障了女儿，也保障了老两口。现在女儿英年早逝，新婚无后代，遗嘱自然没有，遗产就是这一套 1200 万元婚前买的房子。这时候，女婿跳出来要分这套房子了。真的要分给女婿吗？答案是肯定的。遗产的法定继承人，配偶和父母为第一顺位，三人各分 1/3。

如果没有遗嘱，也没有事先用人寿保单做好婚前资产隔离，这就是最后法律给出的结果。所以，我们一定要对家庭财富传承早做规划，早做准备，本节将为大家详细地讲述这个话题。

一、为什么要规划家庭财富传承和遗产?

做家庭财富规划这些年，我逐渐开始对生活自省、感恩和敬畏。我们大多数人都是在幸福的花园里成长，家庭幸福、风平浪静。但是心里要清楚地知道：永远都要居安思危、保护好自己，不要把自己的幸福和安全感拱手交给别人。

家庭财富的保护和传承，包括子女的婚姻、意外风险，企业和家庭的资产、债务隔离，每个家庭都要尽早考虑。有很多家庭，没有提前做好准备，导致之后发生纠纷。

传承需要充分的时间来规划，而且会随着家庭环境和制度的变化而变化，所以资产种类、资产所在地和传承工具，都要保持足够的灵活性，而且好的传承方案绝不仅仅是在两代人之间转移。

我希望每个来咨询和了解家庭理财计划的朋友，都多想几层：

（1）是否熟悉当地婚姻法？是否需要分离婚前婚后资产？

（2）如果自己不是家庭经济支柱，万一另一半发生变故，如何保障自己和孩子？

（3）我对家里的财产是不是心中有数？如果没有，怎么为自己最大限度地争取利益？

（4）我父母想传承给我或者我孩子的资产，如何做到只留给我自己或者孩子，避免和婚后资产混淆？

（5）家里的这么多份保单，我有没有控制权？我是否有权修改受益人、提取资金或者退保？

（6）如果家里有企业，个人和公司之间有没有资产混同？有健全的财务制度、税务安排来分开账户、管理风险吗？

二、青年时代工具

我们夫妻通过了 CPB 注册私人银行家考试，也一直在持续进修法商课程，我们根据自己的经验来分享家庭资产传承的主要工具。

1. 法定继承

法定继承是最直接的形式，而且法定继承的财产是夫妻共同财产，如果子女的婚姻不稳定，遗产就会被子女的另一半瓜分了。经常有企业家因病或意外突然过世，没有留下遗嘱，所以全家人——配偶、父母、子女等开始进行多方旷日持久的纠纷和遗产争夺。

2. 赠与

按照个人意志来传承财产，可以减少遗产的纷争。如果你想赠与财产给子女，又担忧子女的婚姻不稳定，一定要写完整的赠与合同，强调赠与给子女。此处提醒大家赠与合同最好要公证。

3. 遗嘱

关于遗嘱的纠纷也经常有，主要是质疑遗嘱的效力，比如签名是不是本人、内容是不是本人真实意愿等。所以要特别留意遗嘱失效的法律风险，比如伪造的遗嘱无效、遗嘱被篡改后无效、口头遗嘱可能无效、无行为能力人和限制行为人设立的遗嘱无效、胁迫和欺骗所立的遗嘱无效。

所以建议立遗嘱的时候，一定要清晰地在遗嘱中明确遗产的范围、数量和类别，写清楚继承人的范围，要具体地点名。另外，遗嘱的核心内容尽量使用法律条文中的用语，最好请律师过目，并且进行遗嘱公证。

4. 信托

信托是一种托管资产并按约定分配的法律架构，需要一定的门槛。信托是受各个国家法律严格保障的财产管理制度，信托内的资产是完全独立且保密的。信托资产完全由信托人持有，可以指定谁受益，并设置领取的条件，这样可以避免各种纠纷，还可以实现慈善的目的。

但是，基本上资产达到千万级以上才值得去设立信托，因为信托需要持续的维护费用，也要有足够资产装进去。如果你有设立信托的需求，要找专业的律师和信托团队来帮你安排。

如果一方有大额财产而另一方没有，最好婚前设置信托，把大额资产隔离在婚姻之外。尤其是家里开公司，涉及公司股权的，就更要重视这一点。因为你们要面对的风险，不仅是家族的婚变风险，还有个人和企业资产及债务混同的风险。

需要提醒大家的是，海外信托和境内信托是不同的，海外信托法一般不限制资产类别，股票、房产、股权、现金存款、保单等都可以。境内信托法对可以持有的资产有一定限制。

5. 保险

保险是非常重要的传承工具，能够实现精确的传承，保护未来的资产，隔绝债务风险和共有风险。为什么呢？原因如下：

（1）保险有法律效应，利益完全得到保护。

（2）持有人对保单有100%的拥有权和支配权，别人动不了。

（3）持有人有权指定受益人，还可以更改。在这里分享两个适用于普通人财富传承的买保险策略：

①自己买年金保险，受益人写自己和子女。这样自己可以用来当养老资金，去世之后也可以精准地留给孩子。

②自己出钱买保险，受益人直接写子女。现在有一些储蓄类保险是可

以更改受益人的，子女也可以更改为第三代，直接实现财富的跨代传承。

提醒大家：家庭的保险一定要争取自己持有，无论是自己的还是孩子的。给孩子买保险，受益人一定要写自己；给自己买保险，受益人要加上父母。保险一般是可以写多个受益人的，按比例分配。因为保险赔付是受益人的个人财产，而且不需要用来偿还死者生前的债务，因此也可以规避遗嘱风险，不会受到继承法的挑战。投保人享有保险财产的绝对主控权，而且因为保险的赔付都是现金，也提高了遗产的流动性。保险赔付金也属于免税资产。

曾经有位客户想给未成年的孩子做资产传承规划，但是并不想让儿子很轻易地得到一大笔钱就不奋斗了，或者未来孩子婚姻出现风险，于是在购买保险时签订了一个保险金信托，规定儿子何时开始拿钱，每年领一部分，这样就可以安全地把财富传给孩子了。

青年时代是储蓄，中年时代是创富，到了中老年就要考虑传富了，老年就是用富，来享受自己一生的奋斗果实。财富传承一定要未雨绸缪，因为是跨越几代人、跨越诸多地区、跨越多个领域，故家庭需做长期系统规划，除了要熟悉不同的工具和方法，也要有灵活性，这样才能冲破时间的考验，守护家族的财富。

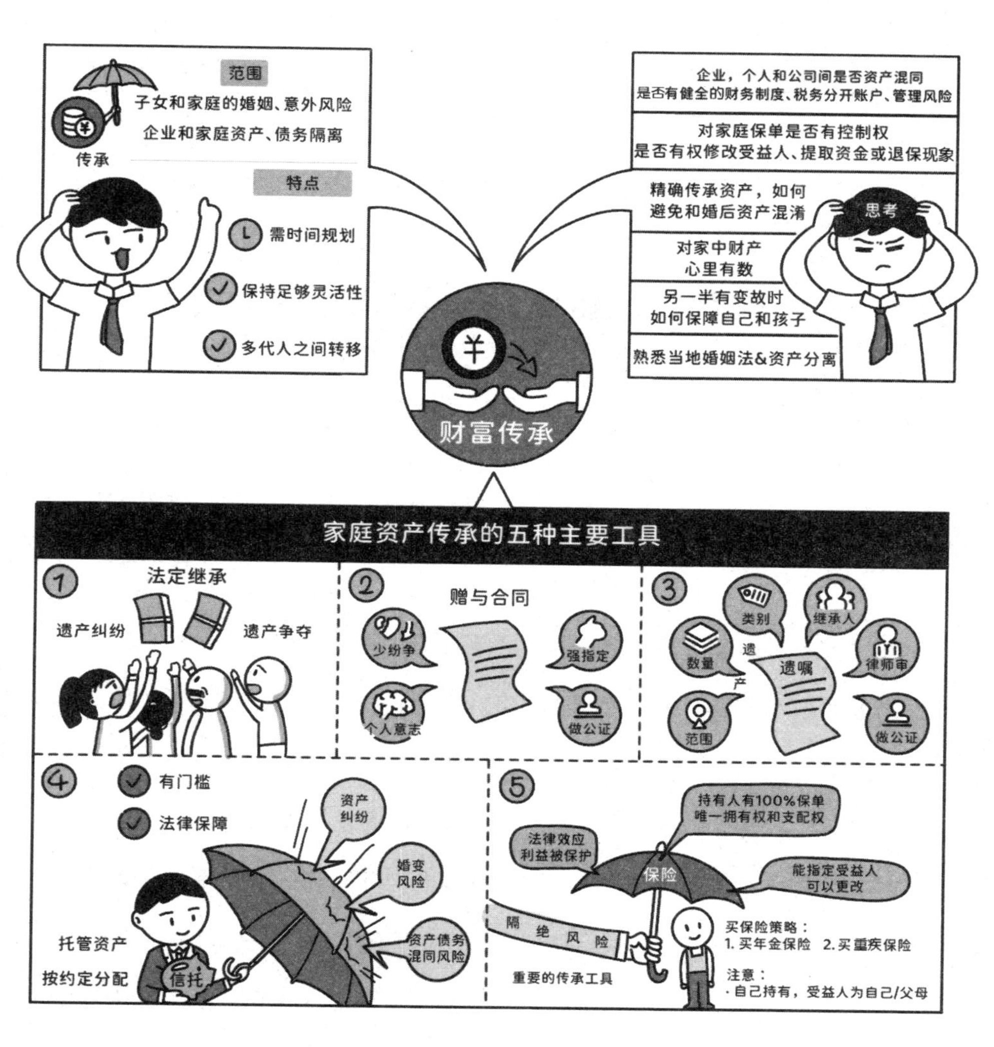

图 4-3　家庭资产传承的主要工具

小练习

对照家庭资产传承的五种主要工具，来诊断你自己的家庭最适合哪种？

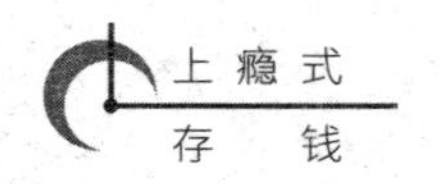

后记

时钟无法倒流，财富觉醒不晚

“钱是工具，不是目的。人生是目的，不是工具。”虽然我一直都在金融领域工作，给大家上理财投资课，但在我心中，理财就是理人生。很多人忙碌一生，都没想明白这一点。

现在太多人对自身的价值没有自信，他们需要外界的认可，让自己被看见、被承认，以满足自己的不安。有些人会靠消费奢侈品来获得自信，还有一些人认为与尊贵的人会让他获得自信，比如和富豪拍了一张合影，“混”了几个高端论坛。归根到底，这些都无法找到真正的自信。相信自己的能力，认可自己的价值，才是这一生无论逆境顺境，都能够保持内心强大的力量来源。对于财富的定义，不仅是物质上的富足，还有能够发挥天赋优势的工作，广阔的人脉圈子，健康的身体，和自我的丰盈与成长。

我的父亲和母亲曾经都是大学老师，他们拥有崇高的社会地位，但收入一般。在 20 世纪 90 年代初，内向的爸爸放弃了大学的工作，去内蒙古做贸易。从此之后 30 年，爸爸再也没有在一年里和家人共度超过一个月的时间。

我小的时候经常没有钱去交学杂费，有好几次我妈妈让我到邻居阿姨家借钱交给老师，所以我从小就有钱很匮乏、钱很难挣的印象。这种印象推着我拼命奋斗。我拼命奋斗的一个核心动力就是匮乏感和不安，而越拼命赚钱，越容易失去钱。

我花了很多时间来改变我和钱的关系，改变我对财富的态度。一个最简单的态度就是：要真诚快乐地去“销售自己”，分享自己的价值。如果你提供的服务和产品真的能帮到别人，你就有责任让更多的人知道它，你也值得为这一价值获得财富。

我们夫妻创业第一桶金的来源就是现在的主要业务之一——保险销售。我们面对了社会地位断崖式下跌和无数冷嘲热讽。但我们却在这 6 年帮助了上千个家庭，送出了累计上千万元的理赔款，为困境中的朋友雪中送炭。这个过程不容易，为我们创造了千万的营收和宝贵经验。

在十几年前，我还在美国读 MBA 的时候，我就很想去非营利组织做公益。但很多学长学姐劝我说：你只是一个“小土豆”，就算去公益组织工作也是帮人家打杂。他们建议我，等我有很大影响力了再去，我遗憾地放弃了，改去纽约应聘投资银行，心里也从此有了一个信念，就是自己还不配，一定要足够成功，这样去做公益才有价值。

这一点在我成为一个母亲之后突然改变了：任何一个人都可以力所能及地做公益，因为每个人都可以发出自己的光，无论强弱都可以照亮别人。

终其一生，你消费了多少金银财宝都是明日黄花、过眼云烟，但是为这个社会创造了多少价值、影响了多少人，做了多少超越自己“小我”的事，才是人生真正的意义。不知道是不是很多朋友也和曾经的我一样，觉得做公益是有钱人的行为？所以从没有胆量主动去组织和主导公益活动？

其实去帮助别人，去做公益、去捐款，并不是因为足够有钱。而是通过分享自己的爱与金钱，获得更大的能量流动。越是缺少的东西，越要去给予。譬如，金钱、爱、赞美、认可、归属感等等。在未来某个合适的时机，你这些微不足道的馈赠都会以财富的形式回到你身上，滋养你。

用你收入的10%做公益。这份定投公益的回报，可能比定投一只好的基金更让我们惊喜。财富要通过慷慨的态度来创造，所以我们经常说：越分享越有，能给的人最富有。

2019年3月，我们给内蒙古的蒙古族小学捐赠了书籍，建立了图书角。被涌来的孩子们围住的那一刻，我的心都融化了。那一刻我觉得自己找到了人生的价值和意义。我告诉自己，对民族、家乡和社会的公益贡献，要一辈子做下去。

2019年7月，我和我的团队成员又飞到呼和浩特，走进内蒙古的爱加倍星儿公益助残中心捐款送物。我也受邀担任香港知行慈善基金会的青年理事，身体力行去传播和呼吁公益活动。

2020年疫情开始，我们没能再次到访，但心里一直惦记着孩子们，从香港汇去捐款。

2021年2月，在我们准备出版《财富自由从0到1》的时候，我和我先生做出了一个重要的决定，把版税的50%捐赠给爱加倍星儿公益助残中心。

2021 年 8 月，我们夫妻把版税 37000 元现金捐赠给孩子们，盖了两间爱心教室。感谢所有读者的支持和爱心，我们能够捐赠一笔可观的钱给孤独症中心。我们的读者和学员涛涛也跟着我们一起，作为热心市民捐款了 3000 元。我觉得，能够影响自己的读者一起做好事，特别有意义。

2022 年我给自己的生日礼物，是在香港保良局助养了一个和我女儿一样大的小孩子。

因为一直做公益，我也无比荣幸地成为内蒙古海外联谊会新一届理事，上了新闻联播，未来有机会在政界发展。

今年夏天，我带着团队从香港不远千里再次去内蒙古，给孤独症儿童捐款，给蒙古族小学捐书。我们的下一个目标是成立一个基金会，带着我们社群的伙伴们一起参与，为这个社会做更多的好事，播下爱的种子。

你所给予的，最终都会加倍回到你这里。除了在专业上精进坚持，更要为更广大的世界播下更多信任、关心、分享和帮助的种子。在生活中，我们的一言一行都像是播撒下一个种子，它一定会开花结果。在我们无私帮助别人的这些年，我们的生活和事业中也出现了很多贵人。所以，如果你想赚钱，就去帮助别人赚钱；如果你想成长，就去帮助别人成长；如果你想遇到“贵人”，就先成为别人的“贵人”；如果你想得到掌声，就先给别人鼓掌。

记住，你的财富是海洋，取之不尽，只要愿意付出。每天做几件没有得到回报的好事，比如对其他人说“谢谢”，向遇到的人送去贴心的问候，赞美陌生人，捐钱给慈善团体，养成善意的习惯等，都可以。

每个人都有自己的困境和问题想要解决，而成功的破局之道就是先忘记自己，全心全意去帮助别人解决他们的困难。击鼓的人永远都不知道鼓声会传多远，当我们活成一道光，就会照亮千万人。希望这个世界，因为有你的存在和努力而变得更好。

这本书就到这里，欢迎大家和我一起做财富的朋友，人生的主人！

特别鸣谢

感谢王蓉蓉、张天钰、潘孝莉对《上瘾式存钱》的支持与帮助！